Les Voyages de Languirand
ou le journal de Prospéro

À Henriette Talbot-Lalonde,
dite «Madame Talbot»,
qui fut durant quinze ans réalisatrice de l'émission *Par quatre chemins*
que j'anime à la radio de Radio-Canada;
collaboratrice d'une fidélité et d'une efficacité sans faille, elle a aussi
réalisé la version radiophonique de ce *Journal de Prospéro*.

JACQUES LANGUIRAND

Les Voyages de Languirand
ou le journal de Prospéro

e s s a i s

Cette collection est dirigée par Jean-Claude Germain

Données de catalogage avant publication (Canada)

Languirand, Jacques, 1931-

  Le journal de Prospéro: les voyages de Languirand

  Autobiographie.

  ISBN 2-7604-0609-1

  1. Languirand, Jacques, 1931- . 2. Tournées (Arts du spectacle).
3. Acteurs – Québec (Province) – Biographies. I. Titre.

PN2308.L35A3   1998   792'.028'092   C97-941545-4

Infographie: PageXpress
Photo: Michel Thomas d'Hoste

Les Éditions internationales Alain Stanké bénéficient du soutien financier du Conseil des Arts du Canada et de la Société de développement des entreprises culturelles (SODEC) pour leur programme de publication.

© Les Éditions internationales Alain Stanké, 1998

Distribué en Suisse par Diffusion Transat S.A.

ISBN 2-7604-0609-1

Dépôt légal: Bibliothèque nationale du Québec, 1998

Les Éditions internationales Alain Stanké
1212, rue Saint-Mathieu
Montréal (Québec) H3H 2H7
Tél.: (514) 935-7452
Téléc.: (514) 931-1627

IMPRIMÉ AU QUÉBEC (CANADA)

Remerciements

Je remercie mes chefs de service de la radio et de la télévision de Radio-Canada, Pierre Tougas, Jean-François Doré et Daniel Gourd, qui ont pris les dispositions nécessaires pour me permettre cette parenthèse de six mois dans mes activités médiatiques. C'est aussi l'un d'eux, Jean-François, qui m'a incité à tenir un journal et qui m'en a suggéré le titre : *Le journal de Prospéro* – puisque c'est d'abord pour interpréter le rôle de Prospéro dans *La tempête* de Shakespeare que Robert Lepage a fait appel à moi.

Je remercie aussi Madame Talbot qui a accepté de réaliser en mon absence les reprises d'éléments d'émissions, de même qu'Anne Morency qui en a animé au micro les nouvelles moutures.

Je tiens à remercier tout spécialement mon ami Jean-Claude Germain, qui dirige la collection L'Île lettrée, qui a généreusement accepté de s'atteler avec détermination à la tâche considérable d'extraire de la masse hétéroclite de la version radiophonique de ce journal, qui comptait plus de mille cinq cents pages, les passages qui lui ont paru tenir du journal personnel.

Mes remerciements vont enfin à ma collaboratrice de tant d'années, Josette Des Trois Maisons, qui, une fois encore, m'a permis de passer de l'oral à l'écrit, mais qui, pour des raisons indépendantes de sa volonté, n'a pu compléter la tâche ; je remercie donc ma fille, Martine Languirand, qui a bien voulu prendre la relève.

JACQUES LANGUIRAND C.M.

Jacques Languirand et Robert Lepage
«en rôdage» dans Amsterdam.

Préface

L'homme au chien

Le rire résulte d'une pensée et ne se juge pas à son seul éclat mais à sa portée. Pour apprécier toutes les nuances subtiles de l'hilarité philosophique, il suffit d'avoir écouté un jour Jacques Languirand à la radio. L'inanité le fait sourire, l'insanité lui fend la poire, le pédantisme le fait pouffer, l'absurdité fuser, l'ineptie exploser, et la sottise canonner tous azimuts. Son émission *Par quatre chemins* est la plus longue soutenance de thèse sur l'intelligence du rire dans toute l'histoire de la philosophie. Elle dure depuis vingt-cinq ans.

À micro ouvert, Languirand n'hésite pas à dévoiler ce que la plupart de ses auditeurs et de ses auditrices préfèrent taire. En revanche, le patron du bistro de philo tait résolument ce que tout un chacun déballe souvent à la première rencontre ou au premier verre : l'histoire de sa vie. Languirand s'était juré de ne pas la raconter, sauf à son chien.

On peut s'en étonner, mais plusieurs études sur le sujet soutiennent que les hommes à chien sont moins portés à écrire leur autobiographie que les hommes à chat. Il suffit d'évoquer la figure de Paul Léautaud au milieu de sa ménagerie féline pour en être à moitié convaincu. Ainsi, depuis plusieurs années, Languirand ne se préoccupait plus de ses souvenirs. Il s'était habitué à suivre à voix haute le cours de ses réflexions et, une fois par jour, à amener son confident à quatre pattes gambader dans le parc. Il coulait, comme on écrivait au XVIIIe siècle, des jours paisibles et heureux.

C'était sans compter sur l'occasion qui fait le larron et le diable qui fait le reste. On peut résister à tout sauf à la tentation. Oscar Wilde proposait d'en faire une règle de vie. Pour Languirand, ce fut un appel du pied fourchu d'un vieux démon qu'il croyait mort et enterré, celui de la scène, qui fit tout basculer.

Après plus de trente ans d'absence sur les planches, il accepte au pied levé de se joindre aux rangs du *Théâtre Repère* dans le cadre d'une tournée internationale. Il y portera la livrée de Shakespeare et y défendra rien de moins que le rôle de Prospéro dans *La tempête*, du portier dans *Macbeth* et de Ménénius dans *Coriolan*. Est-ce folie ? Est-ce sagesse ? Pour trouver une réponse à son interrogation, il redevient comédien et se paye un trac à blanchir des poils en une nuit. Dans son cas, c'est fait depuis longtemps. Comme quoi on peut déjà avoir été ce qu'on sera.

Le grand Will a écrit qu'on est taillé dans l'étoffe de ses rêves. Il n'a pas précisé à quel âge on s'en fait un costume pour voyager en saltimbanque à travers le vaste monde. Languirand a attendu d'avoir atteint celui de Don Quichotte pour partir, à son tour, à la recherche de la Dulcinée du Toboso.

Ni chien, ni chat, ni conjoint est la règle d'or des tournées. L'homme au grand chapeau et à la large cape qui promenait son passé au bout d'une laisse doit quitter son compagnon à long poil. On peut marcher sur quatre pattes, mais on s'envole sur deux. Son confident désormais sera un journal parlé où il devra noter son quotidien, ses ennuis, ses joies, ses peurs, ses émerveillements, ses humeurs, ses impressions, ses réflexions, ses critiques et, à son corps défendant, les cicatrices laissées par sa rupture avec le théâtre, sa grande peine d'amour.

C'est *Le journal de Prospéro* qui a été diffusé sur les ondes de Radio-Canada, au cours de l'été 1995. Jacques Languirand en a tiré la substantifique moelle, un journal écrit. Il en va ainsi des hommes de paroles de ne pas raconter ce qu'ils ont écrit, mais d'écrire ce qu'ils ont raconté.

On y perd les gloussements de plaisir, les clins d'œil qui ne sont que dans l'ironie de la voix, les rires dévastateurs, la faconde et l'illusion du tête à tête, bref, la performance radio-phonique. On y gagne ce journal dépouillé d'effets de manches d'un homme attachant, lucide et inquiet, qui se jauge, se juge, se soupèse, se surestime, se sous-estime, s'invite sur le divan de Jung, se moque de sa propre sagesse et s'attendrit devant la naïveté tant-si-québécoise de ses années d'apprentissage à Paris ou à Berlin. N'était-il pas parti un jour pour ne plus jamais revenir ?

On a le hasard qu'on a mérité. Celui qui a pris affectueuse-ment Languirand sous son aile a le sens de l'humour. Plus un hasard est heureux, en somme, plus il se marre. Pour fêter le retour au bercail de l'ancien directeur du *Théâtre de dix heures*, il lui a confié le rôle d'un personnage de la onzième, celui de Prospéro que Shakespeare a choisi pour faire ses adieux à la scène.

L'homme qui ne voulait pas céder à la nostalgie de raconter sa vie est bien servi. Chaque âge de l'homme a ses épreuves et la tournée se révèle un voyage initiatique qui le confronte au souvenir de ce qu'il a été et au présent de ce qu'il aurait pu devenir. Son évidente affinité avec Robert Lepage agit comme un puissant révélateur. C'est un jeu de miroirs où leurs images se dédoublent, se superposent, se confondent et se recomposent pour finalement repartir l'une à jardin et l'autre, à cour. Le vieil homme a retrouvé sa jeunesse pour la quitter avec l'assurance qu'elle lui survivra.

S'il essuie une larme, c'est pour pleurer son chien, son compagnon de promenade, qui est mort à son retour à la mai-son. Les hommes à chien n'aiment pas raconter leur vie, mais lorsqu'ils le font, cela donne un merveilleux voyage. Saluons la mémoire de ce chien qui, jusqu'à maintenant, était le seul à connaître ce que nous avons désormais le privilège de partager avec son maître : la certitude que l'avenir est la peine d'amour d'un vieux rêve !

JEAN-CLAUDE GERMAIN

Moi, Prospéro...

C'est en moi que j'ai pris ce virage :
sur la scène et dans la pièce de ma vie.
En moi que j'ai déclenché cette tempête
afin de provoquer le naufrage de mes ennemis,
qui sont tout ce que je dois vaincre en moi :
mes lâchetés, mes traîtrises aussi bien que mes
angoisses et mes peurs,
car c'est en moi
que va se dérouler cette confrontation de Prospéro
et de ses ennemis
de ce qui en moi est Prospéro
qui a commandé la tempête
pour venir à bout de ses ennemis
mais qui devra aussi apprendre à leur pardonner
à se pardonner, donc, d'être ce qu'il est
d'être ce que je suis
à me pardonner
d'avoir soulevé cette tempête en moi
que je devrai apaiser par la raison
la *raison* que je devrai même trouver
meilleure que la colère*
et par le renoncement

* Tous les extraits de *La tempête*, de même que les extraits de *Coriolan* et de *Macbeth*, sont tirés des traductions-adaptations de Michel Garneau (VLB éditeur) qui composaient le Cycle Shakespeare, mises en scène par Robert Lepage et produites par le Théâtre Repère.

à ce que je tiens le plus au monde :
mes pouvoirs
– jusqu'à *briser ma baguette*
et jeter mon grand livre à la mer.

C'est alors,
alors seulement,
que je trouverai ce que je cherche
qui se trouve au-delà de la tempête en moi
– mais qu'on ne peut trouver
sans traverser la tempête en soi.

Montréal — Québec

Si vous évitez l'erreur, vous ne vivrez pas...
CARL JUNG

Montréal

Jeudi 27 mai

Ce matin, à mon bureau, tout est tranquille. Le train-train quotidien. Comme si rien ne pouvait troubler l'ordre habituel. Ou plutôt le désordre... Le téléphone sonne. Au bout du fil, Michel Bernatchez, que je ne connais pas. Il se présente comme l'administrateur du Théâtre Repère et demande à me parler de la part de Robert Lepage... Sur le coup, j'ai pensé qu'il s'agissait d'un de ces tours fumants de l'émission *Surprise sur prises* dont j'ai déjà été victime ! «Chat échaudé... »

Robert Lepage me propose de tenir, pour une seconde tournée de la compagnie, le rôle de Prospéro dans *La tempête* de Shakespeare – un des grands rôles du répertoire classique. Rien de moins ! Je me demande un moment si je ne délire pas... Je ne suis pas monté sur les planches comme comédien depuis plus de vingt-cinq ans, c'est-à-dire depuis l'époque où j'ai décidé de mettre un terme à mes activités théâtrales, profondément déçu que j'étais par la tournure des événements de ma vie, tant personnelle que professionnelle. Et pour tout dire, je n'ai pas une grande expérience de la scène. Sans compter qu'il s'agit en fait de jouer dans trois pièces de Shakespeare : le rôle de Ménénius dans *Coriolan*, ceux de Duncan et du portier dans *Macbeth* et, pour finir, le plus important, celui de Prospéro dans *La tempête*.

Là-dessus, Bernatchez me dit – pour me rassurer sans doute – que Lepage a déjà fait appel à une jeune acrobate québécoise pour le rôle de Puck dans *Le songe d'une nuit d'été* du même Shakespeare au National Theatre de Londres et que ce fut un triomphe. Il est clair que Bernatchez parle comme quelqu'un qui a déjà vu – de ses yeux vu ! – l'Autre marcher sur les eaux... Mais un trou de plus de vingt-cinq ans – un quart de siècle ! –

dans une « carrière », ce n'est pas rien ! Et puis, je ne suis pas un acrobate !

Bernatchez me parle des conditions de la tournée, des dates de répétition (huit jours et demi à Québec pour les trois pièces... – très alléchant !), des villes où le Cycle Shakespeare doit prendre l'affiche : Amsterdam, Zurich, Brême, Chalon-sur-Saône, Nottingham, Tokyo et pour finir, Québec.

Je fais état de mes obligations à la radio et à la télévision, autant de bonnes raisons pour éprouver, me semble-t-il, sa conviction. Mais rien n'y fait. Son obstination me touche. Rien ne vaut le témoignage d'une confiance inébranlable pour susciter l'engagement. Pourtant, dans un dernier sursaut de bon sens, je lui dis :

— Je trouve votre proposition... un peu folle !

— C'est que nous comptons beaucoup sur votre propre folie pour accepter...

La formule me séduit. Il a trouvé la faille. J'ai tellement investi d'énergie pour que ma vie ne sombre pas dans la médiocrité que d'être considéré comme un peu « fou » me rassure et, pour tout dire, me flatte. Là-dessus, nous convenons que je lui ferai connaître ma réponse dans quarante-huit heures.

Et je me retrouve seul, face à moi-même. Aussi bien dire : en mauvaise compagnie.

Vendredi 28 mai

Ce matin, je me suis levé plus fatigué qu'en me couchant. Quelle nuit ! Étendu sur un côté, ce sont les inconvénients de cette aventure qui m'apparaissaient et je décidais de ne pas m'y engager ; mais sitôt sur l'autre côté, j'en entrevoyais les avantages. Je ne parvenais pas à concilier les opposés. Car rien n'est jamais tout l'un ou tout l'autre. Et comble de l'ambivalence, que j'accepte ou non cette proposition, je savais que j'allais sans doute le regretter !

Depuis cette conversation téléphonique, je vis comme un maniacodépressif, passant de l'exaltation au désespoir. Comme si j'abandonnais à des forces extérieures le soin de m'imposer un choix... Cette incapacité de choisir vient peut-être de ce que je suis né par césarienne ! Où ai-je lu, en effet, que les personnes nées par césarienne, n'ayant pas eu à décider du moment de leur naissance, ont du mal à prendre des décisions leur vie durant. J'en suis à ce point dans mes élucubrations !

Mais assez de tataouinage ! *Alea jacta est!* « Le sort en est jeté ! » (Merci Jules César... Avec Shakespeare remontent en moi les réminiscences du cours classique.) Après tout, si je me casse la gueule et que je découvre que j'ai commis une grave erreur de jugement, je dirai... que c'était le destin ! Et puis voilà. « Celui qui l'accepte, son destin le porte ; celui qui le refuse, il le traîne. » Sénèque. (Autres effluves...)

Enfin, avec la barre du jour me revient cette réflexion de Carl Jung : « Si vous évitez l'erreur, vous ne vivrez pas. » Et du coup, je m'apaise.

Si seulement cette réflexion m'était revenue plus tôt...

Vendredi 28 mai, vers minuit

Je reviens du théâtre. J'ai assisté à la première de *Coriolan* à Montréal. Au moment où je rédige ces lignes, je suis encore tout fébrile. Et partagé entre la peur et l'exaltation.

Avant le spectacle, je suis allé trouver Michel Bernatchez à qui j'ai fait part de ma décision d'accepter de me lancer dans cette folle entreprise. Nous avons eu un bon contact. Je sens que j'aurai avec lui des rapports harmonieux. J'éprouve le besoin, en terrain inexploré, d'identifier mes alliés.

J'ai soudain aperçu dans le hall, M. Emil Radock* que j'ai connu dans le contexte de l'Expo 67. Nous nous sommes revus à quelques reprises depuis, mais il y a déjà quelques années de ça. De retrouver cet homme de spectacle que j'admire beaucoup m'a paru de bon augure... Je suis à la recherche de tous les signes susceptibles de me rassurer. Ce matin, j'ai même rêvassé un moment devant les feuilles de thé dans le fond de ma tasse.

---

* Scénographe, designer et cinéaste tchèque qui a conçu et réalisé, entre autres, une partie du pavillon tchèque de l'Expo 67. Il a aussi été, à Prague, le cofondateur, avec son frère, de *Laterna Magika*.

Je n'avais jamais assisté à *Coriolan*. Considérée comme une pièce de foule, elle comporte plusieurs scènes de combat et de rassemblement qui exigent une figuration imposante, et c'est sans doute pour cette raison qu'elle n'est pas souvent jouée. Robert Lepage, inspiré à ce qu'on dit par la guerre du Golfe, situe l'action à notre époque, ce qui permet aux protagonistes de s'adresser à la foule par le truchement de la radio et de la télévision. Ce procédé offre aussi l'avantage de supprimer la figuration tout en donnant aux spectateurs un sentiment de participation, comme s'ils assistaient à des émissions en direct. Pour l'affrontement des deux armées, Lepage recourt à des marionnettes de guerriers sur leurs chevaux, manipulées à vue par les comédiens. Dans la scène où les deux chefs de guerre s'affrontent, il les fait apparaître, nus et ensanglantés, en train de se battre au ralenti et en quelque sorte comme projetés dans l'espace. On dirait un bas-relief tridimensionnel. Ce qui me frappe dans cette trouvaille, c'est le raccourci : la métaphore scénographique qui montre l'absurdité de la guerre beaucoup mieux que ne le ferait l'affrontement de vingt ou cinquante figurants. C'est ici, me semble-t-il, un bel exemple de l'application au monde du spectacle d'une règle d'or des arts martiaux, que Musashi, un des grands maîtres du bushido, résume par cette formule : « Le plus petit geste pour le plus grand effet... »

Mais ce qui m'étonne encore plus, c'est l'audace dont fait montre Lepage qui réduit le cadre de scène, ramenant l'aire de jeu à un rectangle qui évoque un écran de cinéma. Le rapprochement s'impose d'autant plus que la pièce a fait l'objet, par ailleurs, d'un découpage *cinématographique*.

À la fin du spectacle, Al Pacino, de passage à Montréal, est un des premiers à se lever dans l'enthousiasme pour applaudir avec une belle énergie.

À la sortie, j'ai retrouvé M. Radock. J'étais curieux de connaître son impression. Il s'agit, me dit-il, de la plus intéressante conception scénographique de *Coriolan* – avec celle de Bertolt Brecht – dont il a eu connaissance. Non seulement la conception de Lepage soutient brillamment la comparaison, mais elle est plus efficace que celle de Brecht.

Samedi 29 mai

J'assiste à la dernière de *Coriolan* à Montréal mais, cette fois, de la coulisse. De voir fonctionner cette belle machine de théâtre de l'intérieur, si je puis dire, décuple l'admiration que j'ai déjà pour Robert Lepage. Mon expérience en coulisse me confirme ce que j'avais noté à la suite d'une représentation de son spectacle solo, *Les aiguilles et l'opium*. Ses spectacles, jusqu'ici du moins, prennent appui non pas tant sur une technologie de pointe que sur l'usage très personnel qu'il fait de toute technologie ou de toute astuce susceptible de produire l'effet désiré. Dans *Les aiguilles*, il exploite des techniques auxquelles nous avons nous-mêmes recouru pour certaines installations (comme on dit aujourd'hui) de l'Expo 67 et dans les années qui ont suivi. Comme le rétroprojecteur qui, au lieu d'une image bidimensionnelle, projette l'image d'objets tridimensionnels en partie transparents, par exemple, deux coupes de vin... C'était un procédé familier des concepteurs des premiers spectacles psychédéliques – je me rappelle en particulier *Electric Circus*, dont Robert Lepage n'a sans doute jamais entendu parler !

Pour l'affrontement des deux chefs de guerre, qui m'avait tellement étonné la veille, la trouvaille de Lepage se ramène en fait à une feuille de Plexiglas recouverte d'une substance huileuse sur laquelle les deux protagonistes, qui se sont dévêtus à la hâte et barbouillés de « sang » en coulisse, se glissent pour s'affronter... L'effet de ralenti est obtenu simplement du fait qu'ils doivent se déplacer sur cette surface huilée qui offre une résistance. Un grand miroir suspendu au-dessus des combattants à un angle d'environ 45° donne l'impression qu'ils flottent dans l'espace, alors qu'ils se trouvent sur le plancher.

Je me familiarise avec le travail d'équipe de la compagnie. Les comédiens assurent, avec peu de techniciens, le fonctionnement de cette machine de théâtre : à peine sortis de scène, souvent même en sortant, ils se transforment en machinistes. Sans compter que certains comédiens jouent plusieurs rôles. Je retrouve là l'esprit d'équipe propre aux jeunes compagnies de théâtre que j'ai eu l'occasion de côtoyer dans ma jeunesse.

Je ne peux que me réjouir d'être associé à une aventure aussi créative et aussi hautement « tripative » !

Après les applaudissements nourris, je demeure un moment à la place que j'ai occupée toute la soirée, côté jardin, le temps de décompresser. Les comédiens regagnent leurs loges pendant que les techniciens commencent le démontage du décor. Et je me dis que la prochaine fois qu'on va le monter, je serai de la distribution... Je sens comme une tension à la hauteur du plexus solaire. J'aperçois alors Robert Lepage dans la coulisse, de l'autre côté, qui s'entretient avec quelques comédiens. Jusqu'ici, je me suis familiarisé avec le fonctionnement de la compagnie, son mode d'emploi si je puis dire, sans avoir encore fait la connaissance de Robert Lepage. Il m'apparaît comme le héros d'une pièce dont tout le monde parle pendant les deux premiers actes, mais qui ne fait son entrée qu'au troisième... On m'a dit hier qu'il était de retour de Londres. Mystère et boule de gomme !

Je me lève de ma chaise pour me rendre le saluer de l'autre côté. Mais le voilà qui vient du mien. Tant et si bien que nous nous rencontrons au milieu de la scène. Je lui dis :

— Nous jouons notre rencontre devant une salle vide.

Il sourit. Je me présente. Il me répond :

— Je vous avais reconnu...

Je lui explique que je trouve sa conception scénographique de *Coriolan* tout à fait brillante. Et je lui rapporte le commentaire d'Emil Radock. Il accepte les compliments avec simplicité. Après un moment d'hésitation, je me décide à aborder la question qui me tourmente :

— Depuis que j'ai accepté votre proposition, je suis déchiré par le doute.

— Pas moi... Je n'ai aucun doute ! me répond-il sans hésiter et en appuyant sur le mot *aucun*.

— Mais si par hasard il vous venait un doute... et que vous souhaitiez revenir sur votre proposition...

Il m'arrête aussitôt :

— Il n'en est pas question !

Là-dessus, on éclate de rire, on décide de se tutoyer et on tombe dans les bras l'un de l'autre ! Tout ça sur scène, mais hélas! devant une salle vide... C'est bien dommage! Robert m'invite à prendre une bière avec un groupe de comédiens et de techniciens de la compagnie dans l'un de ces estaminets pour ainsi dire « inventés » à l'occasion du Festival de Théâtre des Amériques auquel prend part le Théâtre Repère.

Une heure plus tard, malgré la musique et les bavardages, nous parvenons à échanger quelques phrases. Il me parle de sa méthode de travail : la création collective. J'ai, quant à moi, quelques réserves au sujet de cette méthode, mais je me dis – et je lui dis – qu'avec lui comme maître d'œuvre, elle donne de toute évidence d'excellents résultats. Il me demande si j'écris encore pour le théâtre et si je me remettrais éventuellement à la dramaturgie. Je lui raconte brièvement dans quelles circonstances j'ai rompu avec le théâtre, il y a de ça près de vingt-cinq ans, avec la ferme intention de ne plus jamais y revenir. Et pour ce qui est plus spécialement de l'écriture dramatique, je lui signale que j'ai presque toujours écrit sur commande ou pour répondre à un besoin que j'avais relevé (une compagnie, un théâtre, un metteur en scène en mal de répertoire, parfois même tout simplement pour le défi que représentait une contrainte...), ce qui se voulait de ma part une incitation... Là-dessus, il me dit :

— Quand on se reverra, je te parlerai d'un projet auquel j'aimerais t'associer...

C'est à Québec, au mois d'août, au moment des répétitions avant le départ de la tournée, que nous devons nous revoir. Entre-temps, si je comprends bien, il aura été à Stockholm, Londres et Tokyo...

Samedi 5 juin

J'assiste à *La tempête*... Je dis : wow!

Je trouve écrasant le rôle de Prospéro. Quand j'y pense, j'ai comme une vrille au creux de l'estomac. Mais le défi est maintenant devant moi, incontournable. Comme un accouchement...

Je ne saurais dire s'il s'agit d'une des grandes pièces de Shakespeare. Mais elle est sa dernière et, comme telle, elle constituerait ses adieux au théâtre. Cette pièce comporte certains des plus éloquents monologues du Barde*. En particulier celui dans lequel il dit que la réalité est faite de la même étoffe que le rêve... Un énoncé qui pourrait venir des Veda ou de l'enseignement bouddhique. Mais c'est tout le monologue qui m'étonne : d'une forme qui annonce, je dirais, Rimbaud et le surréalisme. J'y vois aussi le rapprochement des visions de l'Orient et de l'Occident... dans le sens du nouveau paradigme que propose la physique post-newtonienne ! Rien de moins... Une vision autrement plus profonde, selon moi, que celle du célèbre monologue de Hamlet : « *To be or not to be* » – qui me paraît d'un existentialisme primaire.

Je suis submergé par ce que je découvre chez Shakespeare. Et par ce qu'en a fait Robert Lepage... Avant son dernier monologue, Prospéro propose que tout le monde rentre maintenant chez soi, précisant que la mer sera «belle et bonne». C'est la dernière faveur qu'il demande à son lutin Ariel avant de le libérer. Après quoi les personnages présents déposent sur le plancher les voiliers miniatures qu'ils tenaient jusque-là dans leurs mains, puis se rendent dans la coulisse d'où ils tirent à eux ces voiliers au moyen de fils, pendant que la musique d'une harpe, spécialement conçue pour ce spectacle, crée une ambiance magique. Prospéro regarde s'éloigner lentement ces voiliers – tel Gulliver observant le monde des Lilliputiens. On est loin des grands effets multimédias. Mais l'opposition entre les deux échelles de grandeur est saisissante. L'émotion dans la salle est à couper au couteau. C'est du grand théâtre.

Dimanche 6 juin

Troisième et dernière représentation à Montréal de *La tempête*. La prochaine fois, j'incarnerai Prospéro... Ce défi m'apparaît comme un des plus grands que j'aie relevés dans ma vie

---

* Curieusement, quelques années plus tard, je découvre qu'Al Pacino commence et termine son document cinématographique *Looking for Richard*, portant sur le personnage de Richard III, par deux monologues de Prospéro.

professionnelle. Non pas que le personnage me soit étranger, mais simplement d'avoir à le porter ! Pour ce qui est du personnage, je suis particulièrement sensible à sa démarche qui trouve un écho en moi, partagé qu'il est entre deux tendances qui l'habitent : l'homme de pouvoir et l'homme de sagesse. Il finira par renoncer à ses pouvoirs – il casse sa baguette ! – pour devenir l'homme de sagesse... Pour ma part, je n'ai pas encore envisagé de casser ma baguette ! Le peu de pouvoirs que je possède m'est encore nécessaire pour gagner mon pain !

Lundi 7 juin

La première tournée du Cycle Shakespeare a pris fin hier. Je serai de la prochaine !

En attendant, je suis laissé à moi-même. Avec l'impression de me retrouver dans un *no man's land*, comme suspendu entre deux états, entre deux trapèzes. Comme si j'avais déjà lâché le premier sans avoir encore saisi le second, suspendu au-dessus du vide. J'ai du mal à préparer mon émission de radio. Comme si, dans ma tête, je n'étais plus là. Sans être encore tout à fait dans l'autre espace mental.

Ma vie m'apparaît soudain sous un jour différent. Cette nouvelle étape me fait découvrir celles qui l'ont précédée dans une autre perspective. J'ai un sentiment plus clair de continuité. Je perçois en particulier un rapport évident entre mes études en art dramatique, au début de ma vie, et l'aventure qui s'offre à moi en fin de parcours. J'ai l'impression d'une grande cohérence. Comme si la vie était « arrangée par le gars des vues »...

Cette rupture avec mes habitudes de vie me fait prendre du recul, me donne une vue d'ensemble qui me permet de mieux apprécier mon action des dernières années. Je me rends compte que j'éprouvais depuis quelque temps, sans même m'en douter, une certaine lassitude : comme l'effet d'une usure dont je prends soudain conscience... Peut-être aurais-je dû souhaiter une telle rupture pour me renouveler, ou la prévoir, la provoquer... Mais je n'aurais sans doute pas eu la lucidité de la prévoir et encore moins le courage de la provoquer. Je ne peux donc que me réjouir que cette rupture m'ait été proposée – ou plutôt imposée – par le hasard... et la nécessité. (L'effet de la césarienne peut-être ?)

Mardi 22 juin

Depuis plus de deux semaines, je suis sans nouvelles de personne de la compagnie. Entre-temps, j'ai commencé à apprendre mes textes – un exercice fastidieux. À ma table de travail, dans la baignoire, en voiture où j'en écoute les enregistrements sur cassettes, que je refais jouer inlassablement, même en promenant le chien, grâce à mon baladeur qui ne me quitte plus... La voie de la gloire est obscure et ardue !

J'en étais même à me demander, ce matin, si je n'avais pas rêvé tout cela lorsque j'ai reçu un coup de fil de Marie Brassard, une des comédiennes de la compagnie, qui paraît en être aussi un des piliers. Nous faisons le point. Elle comprend mon insécurité. J'allais écrire : mon désarroi ! Elle se propose de communiquer avec l'administrateur pour lui demander de louer une salle de répétition où les « nouveaux » – nous sommes trois à reprendre quelques rôles du Cycle – pourront se familiariser avec les textes et la mise en place, dans de meilleures conditions que celles de leur salle de bain ! avant les répétitions d'ensemble à Québec.

Lundi 28 juin

Ce matin, essayage de costumes. Je me suis rendu dans un de ces ateliers de couture qui répond aux besoins du théâtre, du cinéma et de la télévision. Au milieu d'un relent de naphtaline, les habilleuses et les couturières s'affairent autour de moi, m'examinent sous toutes les coutures – c'est le cas de le dire ! J'ai maintenant ma fiche : col, encolure, longueur des manches... Découpé en morceaux... Analysé !

Lundi 5 juillet

Ce matin, après avoir promené le chien, je me suis installé dans un fauteuil – comme hier, comme avant-hier, comme l'avant-veille... – pour apprendre mes textes. Je trouve l'exercice un peu moins fastidieux. Le par cœur étant mieux maîtrisé – encore que... –, l'interprétation prend du volume. Je commence même à avoir du plaisir à jouer la comédie ! Jusqu'ici, dans ma tête...

Avant de m'endormir, hier soir, j'ai fait le bilan de mon expérience de comédien. J'ai commencé jeune, dans des spectacles de quelques institutions d'enseignement que j'ai fréquentées. À ma connaissance, j'ai été le dernier garçon à jouer un rôle de fille au Collège Saint-Laurent où j'ai étudié quelques années. Par la suite, j'ai eu assez peu l'occasion de jouer. J'ai été *Le pendu dépendu* d'Henri Ghéon pour une jeune compagnie qui cherchait son identité à l'ombre de celle des Compagnons de Saint-Laurent. Et plusieurs années plus tard, j'ai interprété des rôles secondaires, parfois, dans des pièces que j'ai mises en scène. En particulier dans *Crime et châtiment* d'après Dostoïevski au Théâtre de la Poudrière, qui devait remporter le trophée du « meilleur spectacle visuel de la saison » – mais je ne sais plus laquelle – décerné à l'époque par le journal anglophone *The Star*, aujourd'hui disparu. Comme le temps passe et comme tout passe avec le temps... J'ai aussi joué le rôle d'un chercheur d'or dans la deuxième version de ma pièce *Klondyke*, présentée à Londres par le TNM dans le cadre du Commonwealth Arts Festival. Nous tenions l'affiche au Old Vic, théâtre que dirigeait à l'époque Laurence Olivier (ça se glisse bien dans une conversation !). J'ai aussi tenu le rôle principal dans ma pièce *Le gibet*: trois actes au bout d'un poteau, le héros souhaitant battre le record mondial du « poteauthon »...

Tout cela que je croyais disparu, englouti dans le grand trou noir de l'oubli remonte en moi. Autant de souvenirs éclatés qui sont loin de me rassurer. Car j'ai plutôt l'impression que je vais bientôt faire mes véritables débuts sur scène. D'autant plus que j'ai enfin atteint l'âge de mon emploi... Que je l'ai même peut-être déjà dépassé !

J'avais pourtant consacré plusieurs de mes vertes années à me donner une formation de comédien : l'interprétation avec Michel Vitold à Paris ; la diction, la pose de la voix, le phrasé à l'Institut du Panthéon où j'ai abouti à la suggestion de Suzanne

Cloutier (qui venait à l'époque d'interpréter au cinéma le rôle de Desdémone dans l'*Othello* d'Orson Welles) ; et même le mime, chez Étienne Decroux, qui fut le maître, entre autres, de Jean-Louis Barrault, de Marcel Marceau, de son fils Maximilien et, quelques années plus tard, de Gilles Maheu, l'animateur de Carbone 14. Mais Decroux eut aussi des élèves moins brillants... tels que moi. Je me rends compte que j'ai toujours secrètement souhaité me jauger un jour comme comédien. Si je me casse la figure, je saurai à qui m'en prendre !

Jeudi 15 juillet

Aujourd'hui, j'ai vu le podiatre pour qu'il me remette sur pied avant le départ.

C'est Yehudi Menuhin qui m'a inspiré cette visite. Dans *La leçon du maître*, il écrit : « L'avenir du violoniste repose naturellement sur ses pieds. » Plus loin, il précise que le violoniste doit « apprendre à écarter ses orteils et à renforcer ses voûtes plantaires ». Sur une photo, on peut voir le maître contemplant un de ses pieds parfaitement appuyé au sol. Et plus loin : « Des voûtes plantaires affaissées, un mauvais déplacement du poids et une raideur des pieds empêchent de disposer de l'élasticité nécessaire ; en plus d'être pénibles à supporter, ces imperfections sont gênantes. »

Que dire, alors, de l'avenir du comédien ? Il n'en fallait pas plus pour me faire penser à mes gros orteils !

Jeudi 22 juillet

Ce matin, avec mon amie Lettie, j'ai « travaillé les textes » pendant près de trois heures. Lettie a fait une brillante carrière de comédienne à une autre époque, en Europe. Je lui suis très reconnaissant de me guider dans mon apprentissage. Après notre séance de travail, je l'ai invitée à dîner au restaurant de la poissonnerie Waldman's, à quelques pas de la salle de répétitions que la compagnie met à notre disposition pour dix jours, au troisième étage du Building Danse, avenue des Pins... D'une des fenêtres, on peut voir, de l'autre côté de la rue, le Théâtre de quat' sous. Un souvenir me revient.

C'était un samedi matin, dans les années soixante. Ce matin-là, je devais travailler avec Jean Gascon, à l'atelier du TNM dont j'étais à l'époque le secrétaire général. Comme convenu, je me rends en voiture chercher Jean chez lui. Sitôt monté, Jean me dit qu'il souhaite d'abord se rendre avenue des Pins, près de la *Main*, où nous attend Paul Buissonneau. Cet être inventif et merveilleux avait découvert quelques semaines plus tôt une vieille synagogue qu'il se proposait de transformer en théâtre*. Toujours aussi exalté et débordant de créativité, Paul nous fait visiter les lieux en nous décrivant par le menu détail... tout ce qui ne s'y trouve pas encore. Avec Buissonneau comme cicérone, ce lieu sombre était devenu lumineux...

Je sais maintenant pourquoi ce souvenir a émergé. C'est que je fais un rapprochement – évident, quant à moi – entre Paul Buissonneau et Robert Lepage. Ils ont pourtant des tempéraments très différents : Paul est débordant, de type Falstaff, tonitruant à l'occasion et très directif, alors que Robert est réservé, parfois même presque détaché, s'exprimant le plus souvent avec douceur. J'ai toutefois ressenti, dans le temps, le même émerveillement devant les spectacles de Paul que celui que je ressens aujourd'hui devant ceux de Robert. Je reconnais chez l'un comme chez l'autre le même génie inventif et le même esprit d'entreprise qui leur permettent de concrétiser ce qui a été imaginé, le même don pour la magie de la scène. C'est sûrement la même fée qui s'est penchée sur leurs berceaux respectifs.

Après le lunch avec Lettie, je reviens seul à la salle de répétitions. Pendant plus d'une heure, je répète les grands monologues de Prospéro. Je me les mets en bouche. Je tente d'en prendre possession – comment dire ? – physiquement. Je les incorpore. Voilà, c'est ça...

Dans la salle voisine, un groupe répète une danse flamenco. Inlassablement les mêmes mesures. La même cadence. C'est le laborieux apprentissage de l'aisance, de la facilité apparente. Le monde du spectacle offre une belle métaphore de l'acharnement sans lequel la réussite reste insaisissable.

---

* Devenu le Théâtre de quat' sous!

Sur un des murs, je découvre une grande affiche : je reconnais Antonin Artaud – poète, essayiste, visionnaire, homme de théâtre qui a imaginé le « théâtre de la cruauté », une formule dont peut-être personne n'a jamais vraiment compris la signification. Il s'agissait – si j'en ai moi-même saisi quelque chose – de libérer le théâtre de la littérature bourgeoise pour le rendre à sa vocation scénique et renouer avec le rituel. Genre… Je ne m'étonne pas de le retrouver ici, sur un des murs de cette salle où viennent des groupes plus ou moins marginaux… À l'époque où Artaud était comédien chez Charles Dullin, au Théâtre de l'Atelier où je devais étudier avec Michel Vitold plusieurs années plus tard, il interprétait, dans je ne sais plus quelle pièce, le rôle d'un roi déchu. Au cours d'une répétition, Artaud prend soudain l'initiative – à moins que ce n'ait été l'initiative qui le prît ! – de descendre à quatre pattes le grand escalier qui domine le décor. Devant la stupéfaction de Dullin, qui assure la mise en scène, il explique sur le ton de l'évidence : « Il est déchu, ce roi ! Non ? »

Je ne sais pas pourquoi j'ai gardé le souvenir de cette anecdote. Peut-être parce qu'elle évoque une certaine folie, nécessaire, à mon sens, pour rendre étrange ce qui est familier. Il n'y a pas de théâtre sans une certaine folie. Sans quelque chose d'excessif, de caricatural, de « théâtral » – précisément. Jean Vilar, à la belle époque du Théâtre national populaire du Palais de Chaillot, à Paris, a aussi dirigé, une ou deux saisons, un théâtre plus modeste, le Récamier. Il se proposait d'y monter des pièces de jeunes dramaturges. À un moment, il a envisagé d'y présenter ma pièce *Les grands départs*. Dans une lettre, il m'écrit : « On pense à Tchekov. Ce n'est pas peu dire. » En effet. Mais un peu plus loin, il explique la raison pour laquelle, réflexion faite, il ne va pas la présenter : « Vos personnages ne sont pas assez fous. » Je comprends aujourd'hui ce qu'il voulait dire. Et je reconnais qu'il avait raison. Mes personnages n'allaient pas au bout de leur folie.

Demain, je dois revenir dans cette salle pour y travailler quelques scènes de *La tempête*. Pour la première fois, je me trouverai avec deux de mes jeunes camarades : Rosa qui joue le rôle de Miranda, la fille de Prospéro, qui elle aussi « remplace », et Éric, dans le rôle de son amoureux, le jeune prince naufragé. Macha, qui a incarné Miranda cours de la première tournée va se joindre à nous afin d'aider Rosa à se familiariser avec les rôles qu'elle reprend dans le Cycle Shakespeare. C'est ainsi que ça se passe dans cette compagnie : ceux qui sont remplacés initient ceux qui les remplacent.

Soudain, seul dans cette vaste salle de répétitions, la tête pleine de ces nouvelles préoccupations, j'ai l'impression – comme c'est étrange... – d'être déjà tellement loin de moi-même, comme exilé.

Vendredi 23 juillet

Ce matin, avant la répétition au Building Danse, j'ai passé un examen complet à la clinique médicale où je vais deux fois par année rassurer mon médecin. Il faut toujours rassurer son médecin... Bilan positif. Je suis en pleine forme. Immortel, quoi ! Il faudra qu'un jour je dise comment j'en suis venu à penser que je suis immortel... Moi qui ai longtemps cru, au contraire, que j'étais destiné à mourir jeune !

Quoi qu'il en soit, il est maintenant trop tard pour que je meure jeune !

Lundi 26 juillet

Hier soir, sur le point de m'endormir, il m'est revenu un souvenir. Celui d'une conversation téléphonique avec Gratien Gélinas, il y a de ça plusieurs années.

— Je t'ai entendu dire, hier, dans ton émission – *Par quatre chemins* – qu'il faut relever des défis toute la vie...

— C'est ce que j'ai dit, en effet. Mais c'est un psy dont je commentais les propos...

— J'étais déjà arrivé à la maison, poursuit-il, mais je suis demeuré un moment dans la voiture pour entendre la fin... Parce que, vois-tu...

Là-dessus, il me confie qu'on lui propose de prendre l'affiche dans un théâtre off-Broadway, à New York, avec *La passion de*

Narcisse Mondoux, pièce dont il est l'auteur et qu'il interprète depuis déjà plus d'un an, ici et là, avec sa compagne Huguette Oligny. Mais New York lui rappelle de mauvais souvenirs. Une expérience éreintante tant psychologiquement que financière‑ment. Un échec qui devait, à un moment de sa vie, l'obliger à contracter une deuxième hypothèque sur sa maison, qu'il a mis trente ans à rembourser... Il me parle de cette affaire, que d'ailleurs je connaissais déjà. Puis il revient à la question :

— Es‑tu certain qu'il faut toute sa vie relever des défis ? Que cesser de relever des défis, c'est vieillir ?

Je lui réponds que c'est bien aussi mon opinion. Et pour ce qui est de sa malheureuse aventure new‑yorkaise, je me permets de lui dire que non seulement il s'agit là d'une histoire du passé, mais que, pour tout dire, ça n'intéresse plus personne ! Que maintenant sa carrière est faite. Qu'il y a même un bon moment qu'elle l'est. Qu'un succès à New York, ce ne serait jamais que « la cerise sur le sundae » – la formule lui plaît... Et que, adve‑nant que ce soit un succès d'estime, ou même franchement un échec, ça n'aurait en fait aucune importance. Qu'il est déjà entré dans l'histoire. Bref, qu'il doit donc relever ce défi tout simplement parce qu'il se présente à lui. Pour le sport !

— C'est à peu près ce que j'imaginais que tu me dirais...

— Et que, sûrement, vous espériez que je vous dise...

Gratien me tutoie alors que je le vouvoie, c'est la règle depuis toujours entre nous. Il rit. Puis il ajoute :

— Mais, dis‑moi, est‑ce que tu es conscient, quand tu me dis ça, que je vais bientôt avoir quatre‑vingts ans ?

Je reste un moment figé. J'avoue que je l'avais oublié. Au téléphone, sa voix est demeurée celle que je lui ai toujours con‑nue. Je le lui dis. Mais je précise aussitôt que son âge n'ébranle en rien ma conviction.

J'ai le plus grand respect pour l'homme aussi bien que pour le personnage mythique qu'il est devenu. J'ai été à un moment le secrétaire général de la Comédie canadienne, et c'est dans le cadre de la politique de création canadienne définie par Gratien Gélinas que j'ai écrit *Le gibet*. Les « poteauthons » étaient très populaires à l'époque. De même que les formes les plus délirantes de « marathon ». Quelques années plus tôt, mon ami André Mathieu, célèbre pianiste-compositeur, qui était alors dans la dèche, avait imaginé de battre le record d'endurance en improvisation au piano... Triste souvenir. Qui joua d'ailleurs pour beaucoup dans ma motivation à écrire une pièce sur une aussi curieuse tendance de société : battre des records d'endurance, tous plus débiles les uns que les autres.

La production de cette pièce aura été une entreprise difficile. Dès le départ, comme je ne parvenais pas à trouver un metteur en scène – les deux que j'avais successivement pressentis ayant contracté d'autres engagements –, Gratien m'a suggéré d'en assurer moi-même la mise en scène. Quelques semaines plus tard, l'interprète du personnage principal, qui devait demeurer dans une boîte au bout de son poteau pendant les trois actes, ne parvenant pas, au cours des répétitions, à donner l'impression d'une distance entre lui, là-haut, et les autres, en bas, je décide de faire installer le poteau en question dans la salle de répétitions. Je découvre alors avec stupéfaction que notre vedette souffre de vertige... Oh ! horreur... Je me mets aussitôt en quête d'un autre interprète. J'ai passé une partie de la nuit à interroger le bottin de l'Union des artistes. En vain. Le lendemain matin, je vais trouver Gratien pour lui faire part de mon problème. Lui aussi a réfléchi à la question et il m'assure avec autorité qu'il a trouvé le meilleur interprète possible dans les circonstances...

C'est ainsi que je me suis retrouvé au bout du poteau. Gratien Gélinas a été l'homme de théâtre qui m'a le plus soutenu au début de ma carrière. C'était un homme de vision et d'action, en même temps qu'un dramaturge avisé. Il est même parvenu à me convaincre de changer la fin de ma pièce ! Et je dois dire que j'ai reçu à cette occasion une magistrale leçon d'écriture dramatique.

Mardi 27 juillet

Ce matin, après la répétition, Marie est venue nous retrouver au Building Danse. Elle m'a fait cadeau d'un livre, *L'île de Prospéro*, une œuvre de jeunesse Lawrence Durrell, dont je n'avais jamais entendu parler. Marie continue de faciliter mon intégration avec doigté. De façon informelle, comme si de rien n'était.

Quoi que je fasse, je n'en demeure pas moins une figure parentale. Il me faut être du groupe, assez du moins pour qu'on me perçoive comme solidaire, mais sans chercher pour autant à m'imposer comme l'un des leurs.

J'en viens à considérer Marie comme mon bon ange. Je lui ai même dit hier qu'elle était ma marraine. La cocasserie du terme me paraît assez bien dépeindre la situation, les rôles entre nous étant pour ainsi dire inversés.

Jeudi 29 juillet

Bientôt minuit. J'ai passé la soirée chez moi, dans la pièce du dernier étage, qu'on appelle « chez le Bouddha ». Il s'y trouve en effet un bouddha, impassible et serein dans sa niche. La porte qui donne sur la terrasse est ouverte. Tantôt, un papillon de nuit est venu me visiter. Il a tourné en rond dans la chambre, une dizaine de minutes. Pour finir par retrouver la sortie.

Toute la soirée, j'ai repassé mes textes et la mise en place que Marie m'a indiquée. À quelques reprises, je suis sorti sur la terrasse respirer l'air de cette nuit sans lune. On s'y trouve à peu près à la hauteur du faîte des arbres. Couché dans son coin, mon chien Horus. Chaque fois que je sors, il ouvre un œil et donne un coup de queue, un seul. En chien, ça veut dire : « Allô ! » « Salut ! » « Bonjour ! » ou « Bonsoir ! »...

Hier, ma fille Martine est venue nous rendre visite avec Robert, son compagnon, et leurs enfants. À un moment, Robert m'a dit qu'il me trouvait quelque peu tendu. Je suppose que c'est en effet l'image que je donne, bien malgré moi. Je lui ai dit que je vivais dans l'« attente en tension » – une expression des spécialistes du stress. Comme l'animal dans la nature, qui se prépare à combattre... ou à fuir !

Vendredi 30 juillet

À bord de l'autobus Orléans-Express, en route pour Québec.

La compagnie va répéter pendant huit jours. Huit et demi plus exactement. Du pont Jacques-Cartier, j'aperçois l'édifice de Radio-Canada. Je prends soudain un recul considérable par rapport à mon univers habituel. Et j'éprouve comme un malaise, un vertige.

Quelques semaines avant que Robert Lepage me fasse cette proposition, j'ai eu avec ma femme une longue conversation sur notre orientation commune et l'un par rapport à l'autre : l'esquisse d'un plan (de fin) de vie, quoi ! À un moment, j'ai tenu à dire qu'une chose était certaine : je renonçais à voyager ! Or je vais bientôt m'envoler pour les Pays-Bas, la Suisse, l'Allemagne, la France, le Japon, la Grande-Bretagne... Et vivre dans mes valises. Ce que je ne prise guère. Devant tant d'incohérence de ma part, ma femme me disait hier :

— Au fond, c'est pas vraiment la peine de planifier quoi que ce soit...

Elle m'a paru un peu désemparée devant la vie. Et, en même temps, étonnée, peut-être émerveillée ! (J'exagère !) Comme devant le mystère qui se découvre un peu.

Je n'approche pas de Québec sans appréhension. Dans ma tête, je suis quelque part entre le doute profond et la confiance aveugle ! Un écartèlement inconfortable.

Québec

Ma première chambre d'hôtel de la tournée. Pour ainsi dire.

Après avoir déposé mes bagages, je me suis promené dans les rues de Québec. Une fin de journée ensoleillée.

J'aime Québec. Pour la ville, son charme, son atmosphère. Une ville qui, à plusieurs moments de l'année, fait la fête. Mais surtout pour les gens : affables, chaleureux, souriants... C'est du moins ainsi que je les perçois. J'aime aussi Québec pour l'image qu'on m'y renvoie de moi-même, car ici tout le monde me connaît. Ou presque... C'est le lieu où je peux le mieux recharger mon ego. Et prendre à l'occasion de joyeux bains de foule – ce que «Madame Talbot», ma réalisatrice de l'émission *Par quatre chemins*, appelle avec une pointe d'ironie : «Vos bains de poules...»

Ces rencontres impromptues, ces conversations spontanées avec les auditeurs et les lecteurs, hommes et femmes, avec ceux et celles qui ont participé aux ateliers que j'ai animés ou qui ont assisté à l'une ou l'autre de mes nombreuses conférences dans la vieille capitale me permettent d'ajuster le tir comme communicateur, de mieux cibler mes recherches et de clarifier mes propos.

Cette interaction avec ceux et celles à qui je m'adresse depuis plus de quarante ans, plus spécialement depuis bientôt vingt-cinq ans à l'émission *Par quatre chemins*, ceux et celles pour qui je travaille, en somme, me rassure d'autant plus que, dans peu de temps, je ferai partie d'une jeune compagnie de théâtre où je serai simplement, en Europe et au Japon, un parmi les autres. C'est un peu comme si j'entrais en religion et que je doive me fondre dans le groupe. Mon ego risque, par moments, de se sentir à l'étroit. À quelques reprises déjà, Marie m'a répété, à la blague : « L'individu n'est rien... Le groupe est tout ! » Ce qui n'est sans doute pas sans fondement.

Samedi 31 juillet

Ce matin, nous nous sommes retrouvés, quelques-uns de la compagnie, dans le hall de l'hôtel. Des groupes se sont formés pour partager les frais de taxis. Parvenus au Périscope, salle de théâtre transformé pour l'occasion en salle de répétitions, nous nous heurtons à une porte fermée. Nous devons attendre que nous rejoigne quelqu'un qui a la clé. Une dizaine de minutes plus tard, je ne sais plus qui de je ne sais plus quelle autre compagnie arrive et nous ouvre la porte.

D'un côté de la salle de répétitions se trouve le cadre de scène de *Coriolan* et de l'autre, la longue plate-forme modulaire de *Macbeth*. Les techniciens s'affairent autour de grosses caisses en bois. Des éléments de décor, des costumes, des accessoires... Et la grande caisse des outils. En tournée, il faut être autonome. Au milieu de la salle, une longue table autour de laquelle nous prenons place. Avec les comédiens arrivent les croissants, les brioches, les cafés... et les bouteilles d'eau ! Robert finit par nous rejoindre. Depuis son arrivée, il a été retenu quelques minutes ici et là : au secrétariat où il a réglé des questions de logistique, puis dans un couloir pour répondre à des questions des techniciens, rappeler quelques directives. Tout cela, mine de rien, avec aisance, je dirais même : avec élégance. Parvenu à la table, pendant qu'on recouvre les fenêtres de grands panneaux noirs et qu'on dispose quelques projecteurs pour les répétitions, il attaque une brioche tout en parlant de choses et d'autres avec l'un et l'autre. En principe, nous aurions dû commencer à travailler il y a une quinzaine de minutes déjà. À un moment, il tire de sa serviette des imprimés qu'il a rapportés de Tokyo. Car il arrive de Tokyo. J'apprends qu'au moment où la compagnie sera à l'affiche au Globe Theatre de Tokyo, Robert sera lui-même en pleine répétition de *Macbeth* et de *La tempête* avec des acteurs japonais de la tradition du *kabuki*. Et dans des mises en scène différentes de celles du Cycle, il va sans dire ! Robert parle d'abondance de Tokyo, du Japon, des Japonais. Je comprends qu'il est en pleine immersion japonaise. Et puis, comme si de rien n'était, il est question du plan de travail pour les huit jours et demi de répétitions. Robert consulte. Je me dis : ou bien il n'a effectivement aucune idée du plan de travail, ce qui n'est pas impossible, ou bien il veut donner l'impression qu'on va arrêter le plan de travail collectivement. On décide de commencer avec *Coriolan*. Je comprends que nous n'allons pas consacrer beaucoup de temps à cette pièce, Robert se proposant de revoir plutôt la mise en scène de *Macbeth* : deux scènes en particulier dont il n'est pas satisfait. Comme le veut le dicton : «C'est toujours la roue qui crie qui reçoit de l'huile.» Je me familiarise dès le départ avec le concept du *work in progress*... Pour ce qui est de *La tempête*, la troisième pièce, on en parle peu ; on avisera en temps opportun, c'est-à-dire dans six jours, alors que les caisses de décors, de costumes, d'accessoires et d'outils seront déjà en route pour l'Europe. Nous allons donc répéter cette pièce, qui repose en grande partie sur les épaules de Prospéro – les miennes, donc – dans la plus grande simplicité ! Sans éléments de décor, sans accessoires... J'ai le choix de penser que je suis floué ou que je peux me tirer d'affaire dans n'importe quelle condition... J'opte pour la seconde hypothèse ! Au point où j'en suis, aussi bien crâner !

Étant donné que nous répétons d'abord *Coriolan*, la répétition commence donc avec moi ! Le personnage de Ménénius que j'incarne se lance dans un long monologue presque au début de la pièce. C'est ce qui s'appelle casser la glace ! J'avale difficilement.

Je m'en suis tiré à peu près bien. Grâce en partie à de petits cartons que j'avais disposés devant moi sur la partie inférieure du cadre de scène. Mais Robert a vite découvert le subterfuge :

— Il s'est préparé des petits *cue cards*! lance-t-il.

La scène s'est terminée dans l'hilarité générale. Un rire complice. C'est du moins ce qui m'a semblé.

Dans l'après-midi, au moment de la pause, Robert vient me trouver. Il me rappelle qu'au théâtre il ne faut pas chercher à jouer plusieurs intentions (ou situations) à la fois, mais trouver plutôt l'intention du personnage ou saisir la situation de la scène et s'y tenir. Il me parle de Jacques-Henri – que je remplace – comme d'un comédien d'expérience qui, dans *Coriolan*, ne jouait qu'une intention (ou situation) à la fois. Robert ajoute aussitôt que je progresse rapidement et qu'il n'y a aucun doute dans son esprit que je maîtriserai bientôt la situation. Sans compter, dit-il encore, que j'ai une présence considérable sur scène, etc. Bref, je comprends que je dois simplifier mon interprétation.

Là-dessus, nous nous rendons à la machine à café. Et presque sur le ton de la confidence, il me parle de Shakespeare :

— Chez lui, les personnages commencent le plus souvent une scène dans un état d'esprit et la finissent dans un autre, souvent opposé. Ce qui est aussi vrai des pièces elles-mêmes. Dans *Macbeth*, Lady est forte au début mais elle finira faible : devenue folle, elle se suicidera. Macbeth, au contraire, est faible au début mais finira en héros. Même chose dans *Coriolan*: au début, Ménénius est fier, orgueilleux, parfaitement maître de la situation, mais à la fin, il est humilié, bafoué, démoli. Quant à Prospéro, dans *La tempête*, il se présente comme un tyran qui use de ses pouvoirs magiques pour manipuler les autres, les dominer, les écraser, mais finalement il renoncera à ses pouvoirs pour accéder à la sagesse...

On trouve aussi dans chaque scène, m'explique encore Robert, un thème que Shakespeare exploite, qu'il indique ou résume même parfois par une phrase. C'est ce thème, cette intention qu'il faut cerner, dans l'interprétation aussi bien que dans la mise en scène.

Lundi 2 août

Aujourd'hui, après la dernière répétition de *Coriolan* avant Amsterdam, Robert me demande :

— Es-tu déjà allé au Il Teatro ?

C'est le restaurant *in* de Québec ces temps-ci.

— Non...

— Je t'invite !

Il paraît ravi de me faire connaître ce *sanctum*.

— La même table que d'habitude ? dit le garçon.

Nous prenons place à une table discrète. Robert s'assied dos à la porte. Sage précaution, car partout où il va à Québec, les gens l'abordent. Précaution inutile dans ce cas-ci, car partout où je vais moi-même à Québec, les gens m'abordent aussi... Ce qui me permet d'être encore moi avant de me fondre dans le groupe.

Le garçon nous apporte le menu. Robert y jette un coup d'œil en diagonal pour aussitôt me demander :

— Tu aimes les pâtes ?

— Beaucoup.

— As-tu déjà mangé des *penne nero* ?

— Jamais...

Il m'explique que ce sont des pâtes noires, traitées à l'encre de seiche – un de ces animaux marins qui s'entourent de nuages d'encre pour échapper à leurs prédateurs. Symbole par excellence de l'écrivain !

Robert est un éclaireur, un «premier de cordée» comme on dit des guides alpins, qui aime communiquer ses découvertes. Même si elles sont de la veille ! C'est l'enfant en lui qui s'amuse à partager son émerveillement. Il s'en trouve que ça gêne. Moi, pas. Je n'éprouve en fait aucun sentiment compétitif à l'égard de Robert. C'est peut-être un des avantages de l'âge.

Nous parlons de choses et d'autres. Il veut savoir si je me sens à l'aise dans la situation où je me trouve. Je crois que son désir de m'offrir les meilleures conditions possibles dans les circonstances est sincère. Nous vivons un rapport à l'inverse de celui que devraient commander nos âges respectifs. Il domine la situation, il a l'autorité je dirais, et je suis l'apprenti. Ça ne me gêne pas non plus. Mais je me demande si ma position d'apprenti ne sera pas parfois difficile à assumer par rapport aux autres de la compagnie.

La carte des vins.

— Qu'est-ce que tu dirais de... ?

Je n'ai pas retenu l'appellation, mais j'étais certain que ce serait un excellent vin et – une mauvaise pensée m'est venue –

probablement cher ! Il n'y a pourtant pas d'ostentation chez Robert, mais simplement le besoin de trouver sa place, d'occuper le centre de l'espace que lui donne son succès relativement récent avec lequel il doit apprendre à vivre. Comme s'il avait saisi le fil de ma pensée, il ajoute :

— Je vais te dire... Depuis que je fais de l'argent...

Formule excessive, selon moi, quand il ne s'agit, en somme, que de l'accumulation de cachets, d'honoraires. Il se trouve que, sur le plan de la productivité, Robert a un fort tirant d'eau – comme on dit à propos de bateaux – et une capacité de travail exceptionnelle. C'est un cas, en effet. J'ai l'impression qu'il a parlé d'argent pour en finir, à mes yeux, avec l'aveu de son succès qui le gêne peut-être encore un peu, comme une paire de souliers neufs pas encore cassés...

— ... et qu'il m'arrive, à l'étranger, d'aller dans un grand restaurant. Comme je ne suis pas un connaisseur en matière de vins, je choisis toujours non pas la bouteille la plus chère, mais celle qui vient juste au-dessous...

Je dois écarter la tendance chez moi à analyser le personnage. Ce qui rendrait nos rapports boiteux. Et qui serait peut-être aussi de ma part une stratégie, un mécanisme de défense pour échapper à ma condition d'apprenti... que je dois plutôt assumer en toute simplicité. Mais j'aurai du mal à ne pas essayer, à l'occasion, de décortiquer le cas Lepage ! Comme malgré moi, j'ai pensé que s'il choisit la bouteille « qui vient juste au-dessous », c'est peut-être pour donner l'impression qu'il y connaît quelque chose, ou qu'il craint, en choisissant la plus chère, de faire « nouveau riche », ou encore, plus probablement, qu'il se laisse de l'espace... pour aller plus haut. Curieux destin en fait que celui de ce jeune homme – ce « *nobody from Quebec* », pour reprendre le titre du documentaire que la BBC lui a consacré l'an dernier – qui s'est imposé en quelques années comme un des grands metteurs en scène de théâtre dans le monde.

Je profite de sa confidence à propos de l'argent pour lui dire que, personnellement, l'argent des autres ne me gêne pas. J'ai eu dans ma vie des relations d'amitié avec des gens très riches sans en éprouver de malaise. Ce qui est assez rare, semble-t-il. Il me reste à espérer que ces riches n'ont pas non plus éprouvé de malaise à fréquenter le pauvre que je suis !

Il me parle longuement de Peter Gabriel dont il a mis en scène le dernier spectacle présenté partout dans le monde. Cet être d'exception éveille chez Robert un vif intérêt. Or, dans la situation où il est, les modèles sont rares. Il doit donc les trouver chez certains êtres de grand abattage qu'il côtoie. Il me paraît séduit à la fois par le talent de Peter Gabriel et par son « entrepreneurship alternatif » – qui lui a inspiré, entre autres, la création de World Music. Robert me parle aussi du projet de... Peter – je profite de mon intimité avec Robert pour l'appeler par son prénom ! – de créer un centre expérimental multimédia à Barcelone. Il se trouve que Robert envisage lui-même, depuis un moment, la création d'un tel centre à Québec. Un projet qui lui tient beaucoup à cœur. Je l'écoute avec attention m'en exposer les grandes lignes. Je ne peux m'empêcher de faire un rapprochement avec ce que voulait être le Centre culturel du Vieux-Montréal et, en particulier, le Groupe de recherche en art-technologie (GRAT) qu'il abritait*.

Il y a plusieurs années déjà, j'ai appris de mes étudiants ce que les jeunes attendent d'un homme plus mûr. Ils attendent d'une figure d'autorité qu'elle leur dise qui ils sont. Ce qui est d'autant plus agréable, dans le cas présent, que pour donner du poids à mon appréciation, je dois en un sens démontrer ma propre compétence. Au cours de la conversation, j'explique à Robert que, chez lui, le collage des éléments (dramatiques, technologiques... ou autres) évoque la règle du montage définie par Sergeï Eisenstein. Ce pionnier du septième art enseignait que la juxtaposition de deux images, dont chacune contient une idée (émotion, etc.), fait naître une troisième idée (émotion, etc.) qui n'était contenue ni dans l'une ni dans l'autre des

---

* Allusion à la création, dans l'ancienne Bourse de Montréal, du *Centre culturel du Vieux-Montréal* par Jacques Languirand, son associé Léon Klein et un groupe d'hommes et de femmes d'action. Ce lieu est devenu depuis le *Centaur Theatre*. (N.D.É.)

images juxtaposées. Robert me paraît construire ses spectacles en appliquant instinctivement cette règle. Surtout ses spectacles dits de création collective où les éléments s'additionnent, s'affrontent, je dirais même, pour faire image : « s'extraient la racine carrée... » Les spectateurs, sans en être conscients, s'emploient à dégager le sens de toutes ces opérations, à en trouver le lien, d'où sans doute leur sentiment de participation.

Au moment de payer l'addition, Robert sort de sa poche un rouleau de billets.

— Je vais bientôt avoir des cartes de crédit... Mon gérant s'occupe de ça...

Pour décoder le fonctionnement de Robert, il faut savoir que travaillent avec lui ou pour lui : un administrateur, qui est son *alter ego* en matière de production de spectacles et qui gère la compagnie, un gérant pour ses affaires personnelles et un secrétaire, qui est aussi parfois son assistant pour certaines productions.

Mardi 3 août

Aujourd'hui, comme on dit dans le métier, nous avons « enchaîné » *Macbeth*!

Robert profite d'un arrêt pour, tout à coup, se mettre à penser à haute voix : « Je me demande si le début de la pièce ne devrait pas être resserré. Ce serait bien meilleur, non? L'action commence en fait avec l'arrivée de Macbeth au château. Tout ce qui précède apparaît comme une longue entrée en matière qu'on pourrait resserrer... pour n'en garder que les éléments qui nous entraînent dans l'action : la chevauchée de Macbeth et de Banco, la rencontre avec les sorcières, puis l'arrivée du roi Duncan au château de Macbeth... Tout le reste pourrait être supprimé, non?

Il ne dit pas : « Je pense que... », encore moins : « J'ai décidé que... », mais plutôt : « Je me demande s'il ne serait pas préférable de... » Mais peut-être tout ça est-il déjà arrêté dans sa tête? Ou peut-être se trouvait-il sur la piste? Il n'empêche qu'il sait aussi tirer profit des suggestions qu'on lui fait, des idées de tout le monde.

Mais il s'exprime comme s'il était face à cette situation pour la première fois, comme si ça lui venait soudainement... Et puis, tout à coup, c'est à moi qu'il s'adresse :

— Mon pauvre Jacques... Ça se trouverait à supprimer ta première scène de Duncan... Et tu es très bon dans cette scène.

Il met la main devant sa bouche comme un enfant qui vient de faire une bêtise, avec un petit rire en guise d'excuse.

Je lui dis :

— Ça m'est égal. Si tu crois que c'est préférable de resserrer le début...

Il me demande :

— Qu'est-ce que tu en penses ?

Il a deviné que je suis sensible à ce qu'il a dit plus tôt des avantages de resserrer le début pour arriver plus vite à l'action proprement dite. J'ai pensé : comme on le ferait au cinéma.

Bref, nous avons tous ensemble – pour ainsi dire – décidé que nous avions eu là une excellente idée... Robert est un vendeur étonnant. Mine de rien... Là-dessus, nous poursuivons l'enchaînement de *Macbeth*. Et Robert reprend cette attitude de détachement qu'il a souvent, intervenant assez peu.

... jusqu'à ma première scène du portier – un clown parachuté en pleine tragédie ! Après l'arrivée au château du roi Duncan, personnage que j'interprète plus tôt, je dois prestement me transformer en portier. Dans cette scène, ce personnage bouffon, qui est dans un état d'ébriété avancée, se rend ouvrir la porte. Il s'attarde en chemin pour philosopher... et pisser. (J'ai sous le bras un sac de caoutchouc auquel est fixé un long tube dont l'extrémité se trouve à la hauteur de la braguette !) Après quoi le portier explique aux arrivants les effets déplorables de la « boésson » sur la vie sexuelle... Je me dis que Shakespeare devait se trouver dans l'obligation de donner du travail à son Falstaff de service ! C'est ça, le génie...

Robert indique, suggère, précise... Il dirige le comédien que je suis. Ce qui est plutôt rare, à ce qu'on me dit. Et bon signe. Le plus souvent, il se contente d'indiquer. Je me fais aussi souple que possible.

L'enchaînement se poursuit. Robert reprend son attitude détachée... Jusqu'à ce que, soudain, le syndrome du *work in progress* le ressaisisse! Le reste de la répétition va se passer à revoir et à corriger les scènes de l'assassinat de Banco et du banquet... qui m'avaient paru très réussies au moment des représentations à Montréal.

Tant et si bien que nous poursuivrons l'enchaînement demain.

Vendredi 6 *août*

Aujourd'hui, dernière journée de répétition de *Macbeth*. Demain, *La tempête*... Mais dans ma tête, c'est déjà la tempête.

La répétition s'est terminée plus tôt en fin d'après-midi. Nous nous sommes retrouvés pour la plupart à la terrasse d'un café à prendre une bière et à jouir des dernières heures de cette magnifique journée d'été. Dans la vie de théâtre, j'apprécie beaucoup l'esprit d'équipe des comédiens et des techniciens. Quand les astres sont favorables, les gens de spectacle forment volontiers un clan. Mais quand les astres ne sont pas favorables, alors là, c'est l'enfer! Dans le cas présent, il est d'autant plus important que les rapports soient harmonieux que nous allons vivre ensemble non seulement une expérience professionnelle, mais aussi, que ça nous plaise ou non, une tranche de nos vies personnelles. Durant trois mois de tournée qui s'étendent en fait sur une période de plus de cinq mois, nous allons partager le «vécu» les uns des autres. Ce n'est pas rien.

Depuis mon arrivée à Québec, je m'intègre au groupe sans difficulté. Je peux comprendre que quelques-uns aient éprouvé, éprouvent encore peut-être, une certaine appréhension. Mais c'est à moi que revient de prendre certaines précautions. D'exercer une certaine censure. D'éviter le plus possible, en particulier, de parler du passé – du mien, s'entend... Je dois être d'autant plus prudent sur ce point que les gens de théâtre et de spectacle en général ont une forte propension à parler d'expériences ou d'incidents associés aux productions passées. «Tu te souviens de... Ah! ce qu'on a pu rire!...» Ce genre d'échange

contribue à créer la complicité nécessaire à l'entreprise commune, à cimenter l'esprit d'équipe. À condition, du moins en ce
qui me concerne, de ne pas remonter trop loin dans le temps...
Les évocations des plus âgés deviennent vite du radotage aux
yeux des jeunes. Lorsqu'un jeune pose une question, je dois
m'en tenir à répondre à la question posée. Comme en matière
de sexualité, avec les enfants : ne pas prolonger l'explication, ne
pas élaborer. À la question : « Comment ça se passait il y a
vingt-cinq ans ? » il faut pouvoir répondre en trente secondes...
Et toujours garder présent à l'esprit que les *baby-boomers* sont
convaincus que le monde a commencé avec eux.

Depuis que je participe à l'aventure de cette seconde tournée du Cycle Shakespeare, j'ai beaucoup entendu parler de la
première ! Non seulement de la tournée comme telle, mais aussi
de la période de répétitions qui s'est étendue sur deux mois : un
mois à Québec et l'autre à Maubeuge, dans le nord de la France,
à quelques kilomètres de la frontière belge. Si on en croit le
folklore né de cette expérience, ce fut pour la plupart des participants comme une retraite fermée. Et ce, malgré l'accueil chaleureux dont la compagnie a fait l'objet. Comédiens et techniciens
n'évoquent jamais cette période, surtout devant une bière, sans
qu'on reprenne la célèbre rengaine qui, à elle seule, paraît
résumer toute l'affaire : « Tout ça ne vaut pas, un clair de lune à
Maubeuge ! »

Lorsque Robert ne prend pas part à ces échanges impromp-
tus, il arrive qu'on parle de lui. Quoi de plus normal. Surtout
sans doute en ma présence, mes camarades étant conscients de
l'intérêt que je porte à l'homme et au personnage. Sans compter
que Robert représente, en soi, un excellent sujet de conversation ! (Je pense à ces objets insolites qu'on laisse traîner dans
la salle de séjour afin de renouveler la conversation et que,
précisément, on appelle en anglais *A conversation piece*.)

Parmi les artisans de la compagnie, il s'en trouve qui sont de
bons conteurs qui ont fini par fignoler de véritables monologues
sur Robert. La palme revient, selon moi, à Jules dont l'excellent
faire-valoir est Luc, le régisseur général*.

---

* Jules Philippe et Luc Désilets.

Hier soir, à la fin du repas, Robert nous ayant quittés pour affaires, Jules et Luc m'ont fait le récit d'un voyage époustouflant... Partis de Maubeuge le vendredi en fin d'après-midi, ils sont trois qui accompagnent Robert : Massaco, une jeune Japonaise qui collabore à la conception des spectacles du Cycle Shakespeare et qui dispose d'une voiture, et les deux compères, Jules et Luc, qui ont accepté – les pôvres ! – de servir de chauffeurs. Première étape, Paris, où Robert a un rendez-vous en soirée avec un producteur. Les autres en profitent pour se promener quelques heures, puis se rendent dans je ne sais plus quel café de Saint-Germain-des-Prés. C'est là que Robert les retrouve vers minuit. On mange et on boit jusqu'à trois heures du matin. C'est alors que Robert, qui a rendez-vous le lendemain midi à... Londres ! fait observer qu'il est maintenant trop tard pour chercher un hôtel. Aussi bien partir sans plus tarder ! Cette nuit-là, les voyageurs n'auront qu'une heure pour dormir – à bord du traversier, sur le plancher de la garderie ! Parvenus en Grande-Bretagne, ils se rendent aussitôt à Londres où ils descendent dans un hôtel. Une seule chambre pour tout le monde. Robert dort un peu plus d'une heure sur le plancher avant d'aller à son rendez-vous. En fin d'après-midi, tout le monde se retrouve au National Theatre où *Midsummer Night Dream* de Shakespeare est à l'affiche, dans une mise en scène de Robert qui s'y rend précisément pour apporter quelques retouches au spectacle.

J'ai oublié les détails de la suite. Toujours est-il qu'ils finiront par revenir à Maubeuge, le lundi matin à neuf heures, juste à temps pour la répétition. Mais, ce jour-là, les voyageurs accusent malgré tout une certaine fatigue. La répétition ne s'est donc pas prolongée en soirée...

Jules et Luc ne cachent pas l'admiration que leur inspire Robert. Ils le considèrent comme un phénomène. Jules a pourtant fini par admettre :

— Durant la répétition, ce jour-là, Robert avait quand même un peu l'air d'un raton laveur ! Avec des petits masques autour des yeux...

Samedi 7 août

Ce matin, *La tempête*. (C'est le cas de le dire !) Nous avons répété dans une salle plus petite, moins « théâtrale », ce qui m'a quelque peu gêné. Mais je n'avais pas le choix. J'ai donc plongé. La répétition s'est bien passée. Il s'agissait en fait d'une lecture autour de la table. J'ai apprécié que Robert commence en douceur. C'est, du reste, par une lecture que débute la pièce, dans la mise en scène de Robert, non pas avec la scène de la tempête qui entraîne le naufrage des ennemis de Prospéro, mais celle où Prospéro raconte à sa fille Miranda dans quelles circonstances dramatiques ils ont, tous les deux, abouti dans l'île magique où ils se trouvent. Et, petit à petit, le spectacle prend forme, se « théâtralise »...

Au cours du premier acte, Prospéro est le pivot de la pièce. Après quoi, il passe à l'arrière-plan pour redevenir le pivot vers le milieu du troisième acte et le demeurer jusqu'à la fin ! C'est en effet un des grands rôles du répertoire classique. Dans le dernier acte, Prospéro a même trois longs monologues qui se suivent ! Mais curieusement, c'est le premier acte qui m'est le plus difficile à interpréter. Je ne m'identifie pas facilement au côté tyrannique du personnage, au début de la pièce. Je ne chausse vraiment les souliers de Prospéro qu'à partir du moment où sa dureté est ébranlée. Ce qui va le conduire à découvrir la compassion. Et c'est ce qui, finalement, va finir par l'entraîner sur la voie de la sagesse. Mais, comme me le fait observer Robert, le public ne va clairement saisir l'évolution du personnage que si, au début de la pièce, sa dimension tyrannique est bien exprimée.

Quel métier que celui du théâtre où il faut toujours recommencer à neuf en public.

À midi, j'avais rendez-vous pour luncher avec mon amie Madeleine. Elle avait une invitation à me transmettre pour un « trou » de la tournée, comme disent les « gens du voyage », alors que je disposerai d'une douzaine de jours de liberté en Europe. Elle me suggère d'en profiter pour séjourner quelque temps à l'ashram d'Arnaud Desjardins, en Provence.

Dimanche 8 août

En soirée, à bord de l'autobus Orléans-Express qui me ramène à Montréal.

Ce matin, arrivé le premier pour la répétition, je trouve à la porte un motard vêtu de cuir mais d'une grande élégance. Il attend lui aussi qu'on lui ouvre. Et pas très loin, le long du trottoir, je découvre une moto de grand style. J'ai tout de suite pensé à *Robocop*.

La conversation s'engage. L'homme est affable. Il est le chauffeur du camion – un « seize roues » ! – qui doit venir demain matin charger les caisses pour les transporter dans le port de Montréal où elles seront embarquées dans d'un cargo à destination d'Amsterdam. La ville de Québec n'ayant pas été conçue en fonction des « seize roues », c'est le moins qu'on puisse dire, le chauffeur a tenu à venir sur les lieux du chargement pour examiner *de visu* les conditions de la manœuvre. Quelques minutes plus tard arrive le directeur technique. Ensemble, les deux hommes se rendent à l'arrière du bâtiment où doit se faire le chargement. Un peu plus tard, je les verrai dans la rue en train de débattre de la meilleure façon de négocier le virage... Je me dis : on ne se doute de rien. On est généralement peu conscient, en effet, de la somme d'énergie (dans tous les sens du mot et sous toutes les formes) qu'exigent ces entreprises de spectacle. Une telle tournée, c'est un peu comme partir pour la guerre. On a beau dire, comme un jour Charles de Gaulle : « L'intendance suivra ! » encore faut-il qu'elle suive, et bien souvent, qu'elle précède.

Ce matin, c'était... l'enchaînement de *La tempête*. Et la dernière répétition avant celles d'Amsterdam.

Au moment des répétitions, je mets souvent la sourdine : au lieu d'interpréter, je me contente d'indiquer l'interprétation. Ce qui, dans le présent contexte, est d'autant plus gênant pour mes camarades que c'est Prospéro qui souvent donne le ton. Après la répétition d'hier, Robert m'a suggéré de me donner davantage au moment de l'enchaînement afin d'entraîner les autres. J'ai pensé qu'il voulait dire : les rassurer. J'ai tendance à paranoïer! Pour y parvenir, j'ai dû taire toutes les justifications, les rationalisations que j'entretenais depuis le réveil... Je me suis même levé, pour tout dire, avec l'intention bien arrêtée de ne pas me donner à fond! J'éprouve parfois du mal à aller avec le courant. J'ergote beaucoup dans ma tête. «Tu paranoïes! Dis-le! Mais dis-le donc!» Oui! je paranoïe. L'effet de la fatigue sans doute, de la tension, du stress... Je résiste. À un moment, j'ai même pensé feindre d'être malade. Quelle lâcheté! Et quelle image les autres se seraient formée de moi! Mais j'ai fini par venir à bout de mon mental – un mot qui a la même racine que menteur. Et, en fin de compte, je m'en suis assez bien tiré.

Montréal

Mardi 10 août

Je dispose de quelques jours pour préparer mon départ.

La nuit dernière, je n'arrivais pas à dormir. Par moments, de jour comme de nuit, je suis terrorisé par le trac... Ça monte du bas-ventre avec une force volcanique et me saisit à la gorge! Je voudrais alors entrer en scène tout de suite et jouer les trois pièces dans un souffle. Passer à travers, comme on dit. Pour en finir avec la perspective angoissante des trois premières dans une même semaine!

J'ai eu tout le temps de me demander – l'insomnie, c'est du temps libéré, n'est-ce pas? – ce qu'est le trac, cet état de panique si difficile à maîtriser. Un état que je n'éprouve pratiquement plus depuis des années : à peu près jamais à la radio, rarement à la télévision et à peine, parfois, avant une conférence. Mais depuis que j'ai accepté de remonter sur les planches, alors là! le bon vieux trac m'est revenu. Comme dans ma jeunesse...

Comme le jour où j'ai passé cette audition au Théâtre de l'Atelier, à Paris.

C'était à l'automne 1949 (ou 1950, je ne sais plus trop). Michel Vitold, qui remportait à l'époque beaucoup de succès dans le *Huis clos* de Jean-Paul Sartre au Théâtre Antoine, venait de s'associer à Tanya Balachova pour créer un cours d'art dramatique. Nous étions quatre-vingt-neuf candidats (plus ou moins, mais c'est le nombre qui me revient!) à attendre en coulisse. Nous savions que seulement une douzaine d'élèves allaient être retenus... Pour tout dire, j'étais dévasté. Et je me demandais ce que j'étais venu faire là. Comme maintenant : qu'est-ce que je suis venu faire «dans cette galère»? – pour reprendre la formule célèbre de Molière. À plusieurs reprises, ce fut mon tour d'aller sur scène mais, chaque fois, je cédais ma place à plus courageux que moi. Jusqu'à devenir... le dernier.

Au moment où – n'ayant plus le choix! – je dois y aller, comme on monte à l'échafaud, j'entends une voix dans la salle :

— Il en reste encore combien?

C'est Vitold.

— Encore un!

C'est le régisseur, Claude Régy, je l'ai su après, qui allait faire une carrière de metteur en scène.

— Eh bien! qu'il passe...

J'entre. Je me rends à l'avant-scène. J'entends alors une nouvelle voix qui monte du trou noir béant de la salle :

— Quelle scène allez-vous jouer?

C'est François Chaumette, qui assiste Vitold et qui, lui, allait devenir pensionnaire de la Comédie-Française.

La voix tremblante, je réponds :

— *Ruy Blas*... le monologue... «Bon appétit, messieurs!»

Cette annonce a l'effet d'une bombe. Tous ceux qui se trouvent dans la salle éclatent de rire. Et ils sont nombreux : en plus des quatre ou cinq personnes qui assistent ou accompagnent Vitold, il y a aussi tous ceux qui ont déjà passé l'audition... Ça fait beaucoup! Après un moment, qui me paraît une éternité, Vitold lance, la voix un tantinet rieuse :

— Allez-y...

Je prends une longue respiration. J'avais beaucoup lu sur l'importance de la respiration. En particulier, un chapitre d'un livre de Charles Dullin qui suggère au comédien de trouver la respiration correspondant à l'émotion de la situation dramatique et tout le tralala! Mais je n'avais guère besoin de trouver l'émotion de la situation dramatique, il me suffisait de canaliser dans mon interprétation l'émotion que provoquait en moi la situation où je me trouvais dans la réalité.

J'attaque :

— *Bon appétit, messieurs ! Ô ministres intègres, conseillers vertueux,*

Voilà votre façon de servir, serviteurs qui pillez la maison !

Il fallait être le néophyte que j'étais – oh combien ! – pour avoir choisi cette scène, un des grands morceaux de bravoure de Victor Hugo. Et de pousser à fond ! Et de me donner comme un dément ! Je m'étais dit : qu'ils aiment ou qu'ils n'aiment pas, ils ne seront pas indifférents... Et je dois dire qu'ils ne l'étaient pas. Ici et là, je les entendais rire ! Tant et si bien qu'une dizaine de vers plus loin... la panne. Le blanc total.

— Reprenez du début, propose Vitold.

Moi qui pensais que le pire était passé. Que j'étais au moins venu à bout d'une dizaine de vers.

Je reprends donc avec la même ardeur débile. Et parvenu au même endroit dans le texte, forcément... re-panne ! Re-blanc total.

Vitold s'adresse à voix basse à quelqu'un dans la salle :

— François...

Puis c'est la voix de Chaumette, qui connaissait tous les classiques par cœur ! Il me souffle le vers suivant.

Et j'enchaîne. Pour m'arrêter cinq ou six vers plus loin... De nouveau Chaumette. Encore cinq ou six vers. De nouveau Chaumette...

C'est la catastrophe. Le vide total. La fin de ma carrière, je le sens.

Quelques minutes plus tard, Vitold m'arrête :

— Ça va, lance-t-il sur un ton neutre. Avez-vous autre chose ?

Comme sous la torture, tout en pensant que je devrais dire non, je parviens à lui répondre :

— Le récit du combat du... *Cid.*

La salle éclate de nouveau de rire. Un autre morceau de bravoure. De Corneille, cette fois. La rigolade était d'autant plus nourrie qu'à l'époque Gérard Philipe interprétait le rôle du *Cid* au Théâtre national populaire. Rien de moins.

— Allez-y.

Même désastre.

Après quelques minutes :

— Ça va... Merci.

Et je retourne en coulisse avec la certitude que je n'aurai plus jamais à remonter sur les planches. Quel soulagement ! Claude Régy me regarde avec un certain sourire :

— Fais pas cette tête-là... Michel va sûrement te prendre !

J'ai pensé qu'il se moquait de moi. Mais je n'ai pas réagi. J'étais effondré. La seule issue possible : le fatalisme. « Tant pis, me dis-je, je ferai un autre métier. Y a pas que ça dans la vie, le théâtre. Et puis, je ne suis pas sûr que j'aime tellement ce métier... » Après une dizaine de minutes d'attente, je découvre que je suis parmi les trois ou quatre premiers sur la liste des candidats retenus par Vitold. Une question de talent ? Dans une certaine mesure peut-être. Ne pas en convenir serait de la fausse modestie. Mais, en toute honnêteté, je dirais plutôt : une question d'affinité. Il savait que nous pouvions travailler ensemble.

Samedi 14 *août*

Dans l'horaire qu'on m'a remis, à la date d'aujourd'hui, on peut lire : « Déplacement des comédiens ». J'en suis... Demain, à cette heure-ci (moins le décalage), j'arriverai à Amsterdam.

Le temps est superbe : la lumière du matin est dorée, le ciel, d'un bleu pâle très clair. Je me promène sur la partie du toit aménagée en terrasse et je regarde la ville s'éveiller lentement. De retour à l'intérieur, je regarde les plantes... Et mon chien qui dort sur son matelas pas loin du lit... Et le bouddha dans sa niche. Le chien et le bouddha forment une paire d'inséparables dans ma vie... Il y a tout cela que je laisse derrière moi. Le renouvellement est à ce prix, je suppose. Celui d'une rupture avec les repères. Il se trouve que je pars en tournée avec la compagnie du Théâtre Repère, alors que je suis, précisément, sans repère... Oui, il y a tout ça que je laisse derrière moi...

J'éprouve comme une résistance en moi. C'est vrai que je suis un terrien : attaché à son coin de terre, à ses habitudes, à ses repères... Chez moi, le terrien en arrache avec l'aventurier !

C'est une journée magnifique, il fait très beau, très chaud. Trop chaud à vrai dire pour mon chien, un malamute à la fourrure lourde, chargée de laine. Cette année, il n'a d'ailleurs pas encore terminé sa mue... Je le regarde un moment dans les yeux : ses beaux yeux jaunes... Il s'appelle Horus – un dieu égyptien à tête d'oiseau ! Drôle de nom pour un chien... Mais c'est une longue histoire. Je sens l'émotion monter en moi... Je vais laisser mon chien, une partie de moi à vrai dire, pour un bon moment. Jusqu'à maintenant, je ne l'ai jamais laissé plus de deux jours... En fait trois jours. Mais une fois seulement... Maintenant que je pars pour plusieurs mois, je le confie à d'autres... À ma femme et à mon fils, il est vrai... J'ai malgré tout l'impression d'une traîtrise de ma part ! Comme si je l'abandonnais... À un moment de sa vie où il est devenu vieux... C'est triste de regarder vieillir un animal auquel on est attaché, auquel on s'identifie d'une certaine façon. Et à travers le vieillissement de mon chien, c'est de mon propre vieillissement que je prends conscience. Je ne peux pas m'empêcher de penser qu'il se peut que je ne le retrouve pas à mon retour... C'est comme si je n'allais pas me retrouver moi-même. Il n'y a que les « gens à chien » pour comprendre ce que la mort d'un chien peut signifier dans la vie de quelqu'un qui « est au chien »...

Pourtant, Horus, malgré tous ces bons sentiments, je te dis au revoir... Le mélo dans la tête. Le cœur en compote... Dans quelques heures, mon gros, je vais te laisser... J'espère seulement que tu vas m'attendre... Voilà !

Dimanche 15 août

Je rédige ces lignes à bord du vol de KLM pour Amsterdam.

Ce midi, c'était le repas de famille à l'occasion de mon départ.

Au début, alors que cette aventure n'était encore qu'une éventualité, mes proches ont pensé que c'était une idée, comme ça, mais que je ne donnerais pas suite. C'est peut-être, en un sens, ce qui m'a incité à accepter. Du moins ce qui a contribué à mon acceptation. On n'aime guère être prévisible. On veut s'appartenir. Placés devant le fait, mes proches ont peut-être éprouvé une certaine insécurité. Et ont peut-être eu aussi le sentiment que je m'écarte de mon destin, ou même que je me révolte contre mon destin. Alors que j'estime, quant à moi, que je suis plutôt en train de l'accomplir, d'en assumer une nouvelle étape. (D'ailleurs, peut-on s'écarter de son destin ? Bonne question.) Enfin, je suppose que la dimension contestataire de ma décision ne leur a pas échappé ! Pas plus qu'à moi du reste... À une époque où la psychologie populaire suggère de retrouver en soi l'enfant intérieur, afin de le consoler, de le guérir, de lui permettre de s'exprimer, tout se passe chez moi comme si j'étais plutôt en train de retrouver l'adolescent intérieur !

Après le repas de famille, je me suis retiré avec Julie et Alexis, les plus vieux de mes trois petits-enfants. Je leur raconte que, ce matin, j'ai fait mes adieux ou plutôt mon au revoir à Horus... Que je sais qu'il va s'ennuyer. Et que moi aussi je vais m'ennuyer... Percevant ma détresse, Alexis s'engage à venir voir Horus toutes les semaines et à le promener. Et même, ajoute-t-il, à lui donner des biscuits... Julie, l'aînée, m'annonce qu'elle va suivre mes déplacement sur une carte épinglée au mur de sa chambre. À condition, bien sûr, que je lui fasse parvenir régulièrement des cartes postales. Et comme je parle de finir mes valises, elle me rappelle de ne pas oublier mon nez de clown... « C'est très important en voyage, ton nez de clown », dit-elle. Et sans plus tarder, elle va le chercher dans mes affaires. Alexis ajoute que je devrais apporter aussi mon chapeau de cow-boy. Et comme il sait que je vais me rendre à Nottingham, en Grande-Bretagne, il me fait promettre d'aller voir le shérif ! Je n'avais pas jusque-là fait le rapprochement. Comme Julie revient avec le nez de clown, je lui demande si elle ne trouve pas que je suis un grand-papa trop actif. Elle répond qu'elle est très contente, au contraire, d'avoir un grand-papa actif... Et qui part en tournée dans le vaste monde ! Alexis, lui, ne se gêne pas pour me dire qu'il préférerait que je ne parte pas aussi longtemps... ou alors que je l'amène avec moi en voyage ! Il est encore trop jeune pour savoir qu'il faut toujours dire aux grandes personnes ce qu'elles veulent entendre... Merci Julie !

J'ai maintenant moins d'une heure pour finir ma valise. Ma femme m'offre de m'aider. Une tournée suppose qu'il faudra souvent défaire et refaire ses bagages. Heureusement que j'ai suivi le conseil de Marie d'apporter surtout des vêtements noirs. Cela permet divers agencements et réduit grandement les quantités... Il n'empêche que, malgré le grand art de ma femme, le conseil de Marie et mes bonnes dispositions, il m'a fallu, pour refermer la valise, m'asseoir dessus ! Et de tout mon poids !

Il me reste alors un peu de temps avant l'arrivée de la limousine. Je l'emploie à me choisir un livre de chevet. Pourquoi ne pas poursuivre, tout simplement, la lecture que j'ai entreprise depuis peu du *Journal de voyage* d'Alexandra David-Néel que je considère comme un des grands maîtres spirituels de notre époque ? Et puis, un journal de voyage, ça me paraît tout à fait indiqué.

Amsterdam

Une de faite, mon Jacques... Deux autres à venir!

Amsterdam

Arrivée à Amsterdam. Une journée brumeuse et un peu froide. La descente du troupeau des voyageurs. La valse des valises. Le rassemblement du groupe. Déjà un avant-goût de la logistique qui finira sans doute par me peser. Les humeurs sont instables. Au cours de cette tournée, mes beaux principes de vie bouddhiques seront mis à rude épreuve. Les occasions ne manqueront pas d'« aiguiser le tranchant de la lame » – pour parler samouraï! Je décide de m'y faire sans plus tarder, d'aller avec le courant, d'être aussi téflon que possible.

Accueil chaleureux des Hollandais. Certains refont connaissance. Il n'y a pas une ville d'Europe où Marie Brassard n'est pas montée sur scène. Son leadership se confirme.

Je me demande soudain de quoi nous avons l'air. Presque tous vêtus de noir. La plupart portant une veste de cuir – noire, bien sûr. Le bibi extravagant de l'une, les bottes militaires de l'autre, mon chapeau de cow-boy... Une belle brochette d'excentriques, d'individus très différents les uns des autres qui ont pourtant l'air d'aller ensemble. Nous avons tous en commun, ce matin à Schiphol, d'avoir l'air blafard des Pierrot. Ma vie de comédien commence.

Lundi 16 août

Tout ce que je savais de cette tournée, en montant à bord de l'avion hier à Mirabel, c'était le nom des villes où nous allions jouer et les dates. Je découvre maintenant que nous participons au Festival d'été d'Amsterdam, une initiative municipale.

En consultant la liste des appartements et de leurs occupants, je me suis demandé selon quels critères Richard, le gérant de tournée, nous a jumelés ou regroupés. Pendant une autre tournée, en Polynésie et en Mélanésie françaises dans les années soixante, j'ai un jour demandé à notre producteur quels étaient ses critères de jumelage ou de regroupement des membres de l'équipe – près d'une vingtaine – dans les déplacements. C'était un producteur de grande expérience : il avait à son crédit quelque quatre-vingts longs métrages dont presque tous les films de Raimu ! Il m'a répondu le plus sérieusement du monde que, dans les déplacements des équipes, il fallait jumeler ou regrouper les individus... par vice !

— Vous voulez dire par affinité ! ai-je dit en riant.

À quoi il m'a répondu sur un ton péremptoire :

— Par vice ! monsieur, par vice !

Selon sa méthode, cela supposait trois groupes, à savoir : les ivrognes, les coureurs de jupons, appelés dans le Pacifique les bringueurs, et les « philosophes », ceux qui « refont le monde » après le repas du soir... Je ne dirai pas dans quel groupe je me suis retrouvé...

Richard se donne beaucoup de mal pour jumeler ou regrouper les membres de l'équipe et déterminer qui va occuper tel ou tel appartement, qui offre tels avantages mais présente tels inconvénients... Les trois comédiennes de la compagnie vont partager un appartement-péniche. Par déférence pour le beau sexe sans doute. Peut-être aussi parce que tout le monde finira par se retrouver certains soirs dans le salon de la péniche... « Chez les filles », quoi !

Quant à moi, je partage un petit appartement avec Éric. Il occupe la seule pièce du rez-de-chaussée et moi, la seule chambre du premier étage où se trouve aussi le living-room et un très long couloir qui débouche sur la cuisinette. Entre les deux : l'entresol, où se trouve la salle de bains. Dans le centre d'Amsterdam, les maisons sont très étroites. L'impôt foncier, à l'époque de leur construction, était calculé en fonction de la superficie du terrain. Alors, bien sûr, tout le monde a construit en hauteur. Les escaliers sont tellement à pic qu'il faut presque les gravir à quatre pattes.

En faisant le tour de l'appartement, nous avons constaté avec plaisir qu'on avait fait les courses pour nous : des œufs, du lait, du pain, du beurre, du fromage gouda – cette boule recouverte d'une couche de cire rouge –, de la confiture, du café... On a beau se dire qu'il est tenu compte du coût de ces denrées dans le prix de la location, il n'empêche qu'il fallait y penser. Les Hollandais sont pratiques et très hospitaliers.

Un camarade qui a une longue expérience de ces déplacements d'un pays à l'autre dans le monde m'explique qu'un des intérêts des voyages se trouve dans la très grande diversité des systèmes de plomberie... Chose qu'aucun guide touristique n'a jamais soulignée à ma connaissance ! Les toilettes, à ce qu'il me dit, représentent un des hauts sommets de l'ingéniosité humaine ! On peut même savoir dans quel pays on se trouve rien qu'à regarder la cuvette. Je me dis que cette expertise aurait sûrement fait la joie de Sigmund Freud. La forme des cuvettes serait très révélatrice de la mentalité du peuple qui l'a conçue : oblongue et passablement ouverte à Amsterdam ; plus étroite et plus basse à Zurich, à ce qu'il paraît... Sans compter que les ingénieux dispositifs des robinetteries respectives des nations du monde sont tout aussi révélateurs. Assez simples à Amsterdam et beaucoup plus complexes, tenant presque de l'horlogerie, à Zurich... Ah ! que les voyages sont instructifs.

Mardi 17 août

Je suis incapable de me représenter cette tournée autrement que comme un défi, une aventure comparable – pour moi du moins ! – à l'ascension de l'Everest... Je n'arrive à peu près jamais à oublier que, dans quelques jours, ce sera la première de *Coriolan* et deux jours plus tard, celle de *Macbeth* et deux jours plus tard, celle de *La tempête* où je serai Prospéro... Pour les trois interprètes qui n'étaient pas de la première tournée, trois premières en une semaine !

Les filles, comme on dit familièrement dans le groupe, ont décidé de deux jours de répétitions à l'italienne. Marie apparaît dans les circonstances comme l'autorité, sans l'être vraiment, tout en l'étant de fait. Pour le reste, dans cette jeune compagnie, l'autorité est une notion plutôt floue. Tout fonctionne dans l'à-peu-près et, pourtant, tout fonctionne.

Après deux jours de répétitions à l'italienne, nous disposons d'une journée pour répéter *Coriolan* dans la mise en place, suivie, le lendemain, de ce qu'on appelle dans cette compagnie une « générale technique », elle-même suivie en soirée de la première... Tel est le programme. Et le lendemain, nous répéterons *Macbeth* dans la mise en place, etc. Et de même pour *La tempête*... Et il y en aura pour me dire au retour : « Et alors, tu n'as même pas trouvé le temps de visiter les grands musées d'Amsterdam ! »

Mercredi 18 *août*

Dans l'après-midi : « générale technique ». Il faut savoir qu'au théâtre, la répétition technique précède la générale qui, elle, doit en principe se dérouler comme une représentation. Alors qu'on s'arrête aussi souvent que nécessaire au cours d'une technique, en principe on ne s'arrête pas au cours d'une générale. Mais, d'après ce que je comprends, en ce qui nous concerne, la répétition technique et la générale n'en font qu'une !

Si un problème technique se présente, on s'arrête le temps de le régler, puis on poursuit jusqu'au prochain arrêt... Et les arrêts sont d'autant plus nombreux que la machine de théâtre est lourde.

Après la répétition, les filles viennent me trouver. Je comprends à leur parade de séduction qu'elles vont me demander quelque chose : de renoncer aux *cue cards* que j'avais disposées dans le décor. J'ai fini par me rendre à leurs arguments. J'ai renoncé d'autant plus aisément que je n'arrivais pas vraiment à les lire : ils étaient trop loin... C'est à peine si je parvenais à les « deviner » ! En revanche, je vais conserver quelques fiches dans la poche de mon veston, que je consulterai en coulisse entre les scènes.

En revenant dans ma loge, j'ai trouvé les fleurs que Madame Talbot m'a fait parvenir. Magnifiques, superbes, inquiétantes peut-être...

Je procède à un maquillage léger. Dans cette compagnie, on se maquille assez peu. Puis ce sont les appels successifs : «soixante minutes», «trente minutes», «dix minutes»... «En scène tout le monde!» La formule tombe comme un couperet. Il n'y a plus qu'à sauter!

Je prends place sur scène dans le noir, à l'insu du public. Devant moi, le gouffre de la salle. J'aperçois le reflet de quelques paires de lunettes. Un changement d'éclairage et c'est à moi... Je plonge. Dès les premières phrases, j'obtiens quelques rires qui me rassurent. D'un moment à l'autre, je ne sais pas ce que je dois dire et pourtant je le dis. Ou à peu près. Les hésitations ont l'air d'être voulues. Du moins je l'espère. Et peut-être les hésitations n'existent-elles que dans ma tête... Et puis, c'est fini... Je dispose d'une vingtaine de minutes de répit jusqu'à ma prochaine scène.

Entre mes scènes, quand j'ai le temps, je repasse mon texte ; sinon je tire de ma poche une de mes fiches pour y jeter un coup d'œil rapide. Pour trois scènes qui se succèdent dans lesquelles j'accompagne Jules, l'interprète de Coriolan, je n'ai même pas le temps de consulter mes fiches. Après chaque scène, en retournant en coulisse dans le noir, je lui demande :

— C'est quoi maintenant ?

Il me souffle à l'oreille :

— C'est la scène de la radio, tu entres le premier, tu dis...

— Ça va, j'y suis...

Changement d'éclairage, j'entre... Une machine de théâtre inexorable... J'ai malgré tout l'impression d'être à l'aise.

Puis, c'est la fin du spectacle, suivie de plusieurs vagues d'applaudissements. L'enthousiasme du public... Les saluts à l'avant-scène. Quel drôle de métier ! En coulisse, comédiens et techniciens me touchent l'épaule. C'est gagné. Le bonheur! Chacun retourne dans sa loge.

Tony qui me suit me dit à l'oreille :

— Une de faite, mon Jacques... Deux autres à venir !

Jeudi 19 août

L'équipe technique complète le montage du décor de *Macbeth*. Les comédiens sont quant à eux convoqués pour dix heures à la salle de répétitions. J'arrive avec dix minutes de retard. Je suis pourtant parmi les premiers. Robert s'y trouve déjà devant des brioches et un café. Il est arrivé dans la nuit – de Stockholm où il doit bientôt faire la mise en scène d'une pièce d'August Strindberg, *Le songe*. Il m'accueille chaleureusement.

— Je pensais que tu étais à Édimbourg, lui dis-je.

— J'y étais. Mais je me suis arrêté une journée à Stockholm...

Je m'excuse de mon retard. Il ne s'en formalise pas. Déjà, à Québec, j'avais remarqué que les répétitions commençaient souvent en retard.

— Dans mon temps, lui dis-je avec un certain sourire, la discipline était plus rigoureuse.

— C'était avant la contestation des années soixante... Tu dois t'adapter! Sois donc en retard comme tout le monde! me lance-t-il en riant.

J'admire chez lui ce relâchement qu'il parvient à conserver même quand la pression est forte. Tout au plus lui arrive-t-il d'ironiser – il est assez mordant quand il ironise! Il lui arrive aussi parfois d'être quelque peu sarcastique ou de parler un peu plus fort que d'habitude pour rappeler à l'ordre. Pourtant, dans les situations les plus difficiles, alors que tout va mal et que le temps manque, il est connu pour lancer : « Après tout, ce n'est que du théâtre... »

Pendant la répétition, il va parfois se servir un café, manger une brioche, comme s'il était absent à ce qui se passe. Le voici debout, qui explique un mouvement ou demande qu'on reprenne telle scène depuis le début mais selon une nouvelle vision de l'interprétation... Puis, soudain, il intervient, suggère un changement. Rien ne lui a échappé. Il donne souvent l'impression d'être distant, détaché. On m'a raconté qu'il lui est même arrivé, dans un spectacle dont il était aussi un des interprètes, quelques instants avant d'entrer en scène, de dire à Marie Gignac, la comédienne avec laquelle il devait jouer la scène, interprétée jusque-là sur le mode dramatique : « Ce soir, il faut jouer comique ! C'est une scène comique... » Et de remporter un tel succès que la scène, par la suite, a toujours été jouée sur le mode comique !

Ç'a été pour moi une journée relativement facile. Bien que j'interprète deux rôles. Ma participation dans *Macbeth* est moins exigeante. À un moment, Robert décide de reconcevoir – de nouveau ! – les scènes de l'assassinat de Banco et du banquet. J'observe que, dans cette jeune compagnie, les comédiens, pendant les répétitions, doivent souvent noter et parfois même répéter, en plus de leur rôle, certains déplacements commandés par les changements de décor. Lorsque Robert apporte une modification à la mise en scène, elle entraîne presque toujours des mises au point, par exemple : Qui va changer les chaises de place ? Qui va transporter l'échelle ? Ça ne peut pas être moi, dit l'un, parce que, au même moment, je dois transporter le pot de fleurs !... On va finir par se retrouver, un jour ou l'autre, dans le *Livre des records Guinness*...

En soirée, après avoir pris une bière à la terrasse d'un café qui se trouve sur la place face au théâtre, Robert a suggéré d'aller manger dans le *Red Light*, où il connaît un très bon restaurant indonésien.

J'ai trouvé le quartier changé. Et pour tout dire : peu attrayant. On conserve sans doute des bordels qu'on a connus dans sa jeunesse un souvenir que le temps embellit. Ou peut-être ces quartiers ne sont-ils plus, ces années-ci, à la hauteur de mes fantasmes !

Vendredi 20 août

Après la première de *Macbeth*, j'ai marché dans la nuit en compagnie de Gérald, qui a triomphé ce soir dans le rôle-titre. Nous allons du théâtre jusqu'à nos appartements respectifs en flânant. Nous nous sommes attardés à la terrasse d'un bistrot où nous avons pris une bière avant de nous arrêter pour prendre une bouchée. Puis chacun est rentré chez soi. C'est déjà la routine...

Chemin faisant, on est passés devant trois de ces *coffee shops* où on vend des drogues douces et, accessoirement, de la bière, du café... C'est selon. On vous apporte un menu : les derniers arrivages, une description de l'effet – des adjectifs comme « dynamique », « reposant »... Il n'y a pas encore de « tripatif » ! Le prix est fixé au gramme. On ne vend que de petites quantités, c'est la règle. Le décor est chaque fois différent. Près de la gare se trouve un établissement dans le style népalais. Plus tôt, on est passés devant celui qui fait « psychédélique des années soixante ». Un peu plus loin, près de la tour de l'horloge, le *coffee shop* évoque le décor de *Star Trek*...

Tous les soirs, au même endroit, on rencontre le même musicien, un guitariste, assis sur le trottoir en compagnie de son chien, genre bâtard. Les chiens sont relativement libres dans les rues d'Amsterdam. Ils vont et viennent, le plus souvent en laisse mais parfois en liberté. Ils ont aussi accès à certains établissements : bars, snack-bars. J'ai observé la même tolérance envers les chiens à l'aéroport... Il y a d'ailleurs un chien sur les armoiries de la ville d'Amsterdam, qui a été fondée par deux pêcheurs arrivés à bord d'une barque... avec leur chien !

Samedi 21 août

L'équipe technique monte le décor de *La tempête*. Première demain.

Ce matin, nous avons consacré une vingtaine de minutes à une analyse de la représentation d'hier. Robert y va de quelques critiques, toujours positives, constructives, bien qu'il lui arrive parfois d'être mordant... Guère plus. Tout le monde s'en mêle. Rien de formel dans cet échange. Ça n'a rien à voir avec l'atmosphère d'une réunion de travail. J'ai l'impression que Robert, au fond, n'aime pas travailler. Comme beaucoup de « workaholiques* », il serait profondément paresseux... Dans sa

---

* Ou *work addicts*, forcenés du boulot.

vie professionnelle, il procède le plus possible de façon informelle. Je n'ai jamais eu connaissance d'une réunion de travail comme telle.

La barre, aujourd'hui, me paraît particulièrement haute.

Dimanche 22 août

Ce matin, marchant sans but dans une artère commerciale le long d'un canal, je me suis arrêté devant la vitrine d'un antiquaire. Mon regard a été tout à coup attiré par une petite bague en argent surmontée d'un gracieux personnage ailé de la famille des elfes. J'ai aussitôt pensé à Ariel, le bon ange de Prospéro. Et l'idée m'est venue d'offrir cette bague à Marie qui incarne ce personnage dans *La tempête*. Son amitié m'a été tellement précieuse jusqu'ici. Sans hésiter un instant, j'entre dans la boutique. J'aime bien avoir, comme ça, l'attitude zen !

Depuis le début de cette aventure, je me sens vulnérable. *Terra incognita*. J'avance en terre inconnue. J'ai l'impression de dépendre plus des autres qu'en temps normal. Et je n'aime guère dépendre des autres. Il m'est parfois difficile d'éprouver le sentiment que les jeunes me donnent ma chance... Il n'y a pas si longtemps, c'est moi qui donnais leur chance à des jeunes. Désormais les rôles sont inversés. Ce ne sera plus jamais comme avant. Et je ne serai peut-être jamais plus moi-même comme avant.

Vulnérable, oui. Un sentiment qui me paraît associé au vieillissement. C'est peut-être pour vaincre ce sentiment de vulnérabilité que je tente de vivre dangereusement. Ce qui n'est pas sans risque. Je pense à cet homme politique qui déclarait après avoir passé un examen médical : « Je me sens dangereusement bien ! » et qu'on a retrouvé mort le lendemain matin...

Vulnérable, oui, je le reconnais. Je n'ai pourtant pas le sentiment d'être sur mon déclin, mais alors pas du tout ! Je m'adapte aux nouvelles conditions qui me sont faites avec la conviction de traverser une phase de renouvellement. J'ai même l'impression d'entreprendre une nouvelle étape de ma vie, plus productive et plus significative que les précédentes.

Peut-être précisément parce que le sentiment de vulnérabilité que j'éprouve me ramène à l'essentiel.

Je pense à Prospéro et à son virage en épingle à cheveux vers la sagesse.

Je ne suis pas encore parvenu à cette étape dans ma vie. Tout se passe plutôt comme si je souhaitais que la sagesse me soit donnée, un jour, par surcroît... Qu'après avoir vécu ma folie, être allé le plus loin possible au bout de ma folie, la sagesse soit enfin ma récompense ! Mais, pour le moment, je suis encore loin d'avoir renoncé à l'action, ainsi d'ailleurs qu'à mes pouvoirs...

Marie a reçu la bague d'Ariel avec joie et l'a aussitôt passée à son doigt. Elle lui va comme si elle avait été faite pour elle. Comme par magie !

Lundi 23 août

Hier, première de *La tempête*.

La journée a été difficile.

Je n'aurai rien dit de ce que j'ai vécu à Amsterdam si je ne reviens pas sur le trac... Depuis plus d'une semaine, je ne parviens à échapper au trac que de courts instants, ici et là, comme par distraction ! Un trac comme je n'en ai connu que dans ma jeunesse : quand j'ai joué le page d'Henri IV dans je ne sais plus quelle opérette de collège ou, quelques années plus tard, le personnage féminin de *Peau d'âne*, une adaptation du conte de Charles Perrault par Henri Ghéon, au Collège Saint-Laurent. Le bon père qui me maquillait en fille, le pauvre, en tremblait... Et moi, qui en soupçonnais la raison, je m'offrais à ses bâtons de maquillage avec une feinte innocence. Ce que pouvait m'exaspérer la lenteur de ses gestes, l'application qu'il mettait à bien souligner le contour de l'œil, à étendre le rouge sur mes lèvres entrouvertes... Alors que j'aurais voulu me lancer sur scène pour en finir avec le trac, comme ces martyrs qui se précipitaient dans le brasier pour mettre fin à leurs souffrances.

Après la « générale technique », Robert était venu me trouver sur scène et m'avait pris à part. Nous avons surtout parlé d'un des monologues dans lequel Prospéro dit que «*nous sommes fabriqués avec la même affaire que les rêves...*»

> *je fais travailler pour moi des esprits*
> *qui sont des acteurs*
> *des acteurs qui sont des esprits*
> *et qui se fondent une fois le jeu fini*
> *en l'air impalpable oui*
> *et puis exactement comme le matériaux sans solidité*
> *des visions que je provoque :*
> *les grandes tours qui se chapeautent de nuages*
> *les palais grandioses et les temples solennels*
> *et la grande boule elle-même*
> *le globe oui avec tous ceux qui en ont hérité*
> *tout ça va se dissoudre*
> *comme la parade des esprits sans substance*
> *se fane dans le vide*
> *sans même laisser un petit brouillard derrière*
> *nous sommes fabriqués avec la même affaire*
> *que les rêves et notre petite vie*
> *finit par accoster dans le sommeil*

C'est Prospéro le magicien qui parle : «*je fais travailler pour moi des esprits qui sont des acteurs...*» ; mais aussi, à travers Prospéro, Shakespeare lui-même, l'homme de théâtre, s'exprime : «*des acteurs qui sont des esprits...*» *La tempête* est la dernière pièce de Shakespeare. Ses adieux au théâtre. Et plus loin : «*comme le matériau sans solidité des visions que je provoque...*» C'est encore le magicien qui parle, mais aussi l'homme de théâtre, d'autant plus ici qu'il ajoute : «*le globe oui avec tous ceux qui en ont hérité...*»

Robert m'a rappelé, au cours des répétitions à Québec, que le théâtre de Shakespeare et de ses associés s'appelait The Globe Theatre» – et c'est à quoi, semble-t-il, l'homme de théâtre faisait allusion dans ce monologue.

Pendant la représentation, il m'a semblé que mon rapport avec le public était bon. À quelques reprises, pourtant, j'ai dû faire un effort pour me recentrer. Je n'ai pas le métier de mes audaces !

Le meilleur moment de cette première reste l'épilogue. C'est le moment où l'interprète de Prospéro se dépouille du personnage et redevient lui-même. Robert me fait retirer la cape que je dépose sur une des chaises à l'avant-scène, de même que le chapeau et l'épée – les attributs du personnage. Un changement d'éclairage fait disparaître le décor. On ne voit plus que l'endroit à l'avant-scène où je place une chaise sur laquelle je vais m'asseoir :

maintenant que mes sorts sont abolis
et la seule force qui me reste c'est la mienne
qui n'est pas bien grande
la vérité c'est que vous pouvez me reconduire chez moi
ou bien me garder prisonnier sur cette île
mais maintenant que je retrouve qui je suis
et que je pardonne à ceux qui m'ont trompé
ne me forcez pas à rester ici en me jetant vos sorts
vous pouvez détacher les liens qui me retiennent
avec vos mains généreuses
il faut que mes voiles s'emplissent à présent
de votre souffle amical ou bien tout mon projet
tombe dans le vide
c'était celui de vous plaire
à la vérité je voudrais que l'esprit règne
et que l'art enchante
et si je ne suis pas soulagé
par des prières assez vibrantes
que la miséricorde nous purifie
de toutes nos fautes
je finirai dans le désespoir
alors comme vous vous pourriez être pardonnés
pour vos crimes
laissez votre indulgence
me donner ma liberté

Après la représentation, nous nous sommes tous retrouvés – techniciens, comédiens et autres, y compris Robert – à la terrasse du Bulldog, en face du théâtre, où nous nous attardons parfois en fin de soirée.

Installé devant ma bière, je prends conscience de ce que j'ai survécu à la semaine. Mission accomplie ! Et je me sens bien... Je décide de profiter de ce climat de détente pour exhiber mon nez de clown ! Un de ces nez rouges, en forme de balle, tout ce qu'il y a de plus traditionnel ! Depuis mon départ de Montréal, chaque fois que j'ouvre le grand sac de toile que je traîne toujours avec moi, je le découvre au fond qui me nargue ! Jusqu'ici je n'ai pas trouvé l'audace de le porter. C'eût été, me semblait-il, de la provocation... Or je tenais à passer le plus inaperçu possible, pour ne pas provoquer les dieux – comme on ferme les yeux dans l'espoir d'échapper à un mauvais sort ! Ce doit être chez moi un reste de pensée magique... Il me semble que pour porter mon nez de clown en public, à moins que ce ne soit le Mardi gras, je dois être au-dessus de mes affaires. Après cette troisième première de la semaine, et qui plus est celle de *La tempête*, il m'a semblé que j'étais effectivement au-dessus de mes affaires... Provisoirement !

Mardi 24 août

Ce matin, j'ai déjeuné avec Robert à la terrasse d'un café de la place Leitzeplein, agréablement animée. Nous n'avions pas eu l'occasion de bavarder depuis les répétitions à Québec. Comme ça me paraît loin, déjà...

Robert semble satisfait de mon travail. Il parle de faire appel à moi pour deux autres pièces de Shakespeare qu'il se propose de mettre en scène... C'est plus que je n'en espérais. Je lui fais part de mon embarras devant mes ratés de mémoire... Bien qu'il n'en soit rien paru – c'est du moins ce que je pense –, ces hésitations gênent mes camarades ! À quoi Robert me répond :

— Tu me fais penser à moi... J'ai le même genre de ratés. Quand je t'ai vu l'autre jour à la générale étirer une phrase, parci par-là, à la recherche de ton texte et regarder devant toi, vers

le balcon... comme si tu espérais pouvoir le lire dans l'espace ! –
c'est pourtant là, à gauche en haut de la page –, j'étais mort de
rire ! Dans *Les aiguilles et l'opium*, il m'est souvent arrivé,
suspendu par mon attelage, de ne plus savoir, mais alors plus du
tout, où j'en étais...

Nous parlons projets. En particulier du centre expérimental
qu'il se propose d'exploiter d'ici deux ou trois ans, à Québec. La
ville a déjà mis à sa disposition une ancienne caserne de
pompiers. Je découvre que Robert est aussi un bâtisseur. Il se
pourrait que je sois associé, à l'un ou l'autre moment, à ce
projet. Je pense malgré moi à l'aventure du Centre culturel du
Vieux-Montréal, une institution qui avait une vocation assez
semblable, mais qui hélas ! a fermé ses portes quelques semaines
après l'ouverture d'un des deux théâtres. C'est cet échec, qui
remonte à la fin de 1967, qui devait m'inciter à tourner le dos
au théâtre à jamais... *(Never say never !)* Et qui a précipité ma
dépression. Je me souviens d'avoir accordé à l'époque une
interview au journal *Le Devoir*, parue sous le titre « Le théâtre
m'emmerde ! » Ce qui n'a pas plu aux gens du milieu, on s'en
doute. J'ai bien prononcé cette phrase, en effet, mais dans un
vaste contexte. C'est que j'estimais déjà que le moment était
venu pour le théâtre de se renouveler. Ce que j'entrevoyais
vaguement pour l'avenir, sans parvenir à le préciser, c'était un
théâtre aussi éclaté et diversifié dans son renouvellement que
celui que quelques jeunes ont créé une vingtaine d'années plus
tard... Je pense à Robert Lepage, bien sûr, mais aussi à Gilles
Maheux de Carbone 14 et à d'autres créateurs dans le monde du
spectacle et des multimédias, en particulier Michel Lemieux et
Victor Pilon avec qui j'ai eu le privilège de collaborer depuis.

Au moment de nous séparer, Robert réitère l'invitation qu'il
m'a déjà faite de me joindre à son équipe pour la création
collective de son prochain spectacle. Je lui dis que j'ai déjà
commencé à réfléchir à la question et que je prépare à son
intention un document de travail sur le mythe de *Faust* dont la
bombe d'Hiroshima est la tragique illustration. Faust est
l'archétype de l'homme de science « sans conscience » qui fait
un mauvais usage des pouvoirs que lui procure son nouveau

savoir. Ce qui revient à dire que le véritable progrès ne se trouve pas dans la science, pas plus que dans la technologie, mais dans l'élévation du niveau de conscience. C'est à quoi nous ramène la leçon du mythe faustien.

Robert a paru intéressé par cette perspective. Mais je ne peux pas dire qu'il l'ait accueillie avec enthousiasme. À quelques reprises au cours de la conversation, il est revenu sur sa méthode de travail qui prend surtout appui sur les improvisations des comédiens à partir de thèmes, parfois même d'objets. Si je me joins à son équipe, je devrai d'abord me familiariser avec cette démarche. Je me demande dans quelle mesure ma vision faustienne de son projet est compatible avec la méthode en question.

Là-dessus, nous nous quittons. Il s'envole aujourd'hui pour Stockholm. Quant à nous, nous partons dans quelques heures pour Zurich.

Je viens de boucler mes valises. Je me félicite de n'avoir à peu près rien acheté à Amsterdam ! Sans compter que je n'ai que des vêtements noirs – à deux cravates et un foulard près ! – ce qui représente un progrès. Mais il me reste encore à percer le mystère du rangement dans les valises... On ne nous apprend rien à l'école !

Vol de KLM, Amsterdam – Zurich.

Au départ d'Amsterdam, ce matin, nous avions tous l'air de zombies. Et certains plus que d'autres... qui ont dû épuiser – les pôvres ! – leurs provisions de pot et de hasch... Afin de dissiper tout malentendu, je précise que les membres de cette compagnie sont que des consommateurs occasionnels. Pas question, pourtant, de se rendre à Zurich avec de ces substances « tripatives ». Surtout quand on arrive de la vilaine Amsterdam ! Alors que, dans les faits, les autorités de Zurich ont plus de problèmes avec leurs drogués que celles d'Amsterdam !

J'avais le cœur brisé de quitter cette ville. Je m'y sens tellement à l'aise. Les gens sont tellement chaleureux. Et je quitte Amsterdam avec d'autant plus de regrets que, dans les circonstances, je n'ai pas vraiment profité de mon séjour. Et pour tout dire, la neutralité suisse n'a pas le même attrait à mes yeux que la tolérance hollandaise.

J'en pars, pourtant, avec un poids de moins sur les épaules qu'à l'arrivée : les trois premières sont pour toujours derrière moi. Et nous disposons de quelques jours de répit avant de remonter sur les planches. Le temps de décompresser. J'ai l'impression que le plus difficile est passé. L'expérience à Zurich devrait être différente de celle que nous venons de vivre à Amsterdam, puisque nous allons jouer trois fois de suite chacune des pièces. Ce qui va me permettre de trouver une certaine stabilité. Jusqu'ici, j'ai plutôt eu l'impression de jouer debout dans une chaloupe ballottée par la tempête, justement ! Je suppose qu'après quelques représentations, je devrais être davantage dans mes souliers. Sans pour autant figer mes interprétations, en particulier celle de Prospéro. Je redoute même de parvenir trop tôt à un palier que je ne pourrais plus dépasser. Car j'ai de l'ambition... en même temps que je suis dévoré par le doute.

Quelquefois dans ma vie professionnelle, il m'est arrivé d'atteindre à peu près le niveau que je m'étais vaguement fixé comme objectif. À la radio, lors de conférences et même à la télévision. Je souhaite m'en approcher le plus possible au théâtre, et je dois le faire en peu de représentations...

Dans quelques minutes, nous allons atterrir à l'aéroport de Zurich où nous participons à un festival de théâtre réputé : le Zurich Zurcher Theaters Spektatel. En parcourant le programme tout à l'heure, j'ai découvert que trois compagnies québécoises prennent part à ce festival : le Théâtre des Deux Mondes, Carbone 14 et le Théâtre Repère. Cette participation représente, dans un contexte international, plus du tiers de la programmation ! Et j'ai le sentiment que les spectacles que nous allons présenter sont aussi parmi les plus intéressants ! C'est fou ce qu'on peut devenir chauvin à l'étranger ! On est peu nombreux, chez nous, à être conscients de notre apport à la culture mondiale, qui est difficile à expliquer étant donné notre moindre importance sur le plan démographique.

Et de participer à de telles entreprises fait ma joie.

Zurich

Dans l'atmosphère de cet ancien manège, j'ai l'impression
de me trouver parmi les «gens du voyage».

Zurich

Mercredi 25 août

Hôtel Scheuble.
Komfortables Dreistern-Hotel Garni
im Zentrum des Stadt.
(«Confortable hôtel meublé trois étoiles dans le centre de la ville.»)

À l'aéroport, quelques-uns d'entre nous ont dû se soumettre au rituel de l'inspection des valises. Quand on arrive des Pays-Bas! J'ai aperçu au comptoir Rosa et Éric devant leurs valises ouvertes. Il faut dire qu'elle a le charme d'une bohémienne et lui, les cheveux longs. Que de préjugés! Quant à moi, les préposés m'ont accueilli avec un large sourire et, comme je m'avançais vers le comptoir, ils m'ont aussitôt indiqué d'un geste avenant la porte qui ouvre sur le hall où nous attendait le comité d'accueil. C'est l'effet de mes cheveux blancs, sans doute. Que de préjugés.

Pour un hôtel trois étoiles, la chambre est petite. Ou bien c'est le lit qui occupe trop de place. Et comme dans presque toutes les chambres d'hôtel, on a du mal à trouver une surface pour écrire. En revanche, la salle de bains est spacieuse. Je constate que la plomberie est, comme on me l'avait dit très différente de celle des Pays-Bas! Je sens que je vais devenir, moi aussi, obsédé par les systèmes de plomberie. La fenêtre donne sur un édifice en construction. Au milieu des échafaudages, des ouvriers s'affairent. Le bruit de la circulation n'est pas trop incommodant. Bref, une chambre de tournée!

En fin d'après-midi, nous nous sommes retrouvés à quelques-uns dans la chambre de Normand. Avec l'impression d'être comme entre parenthèses. Gérald a ouvert un scotch *single malt* acheté dans une boutique hors taxes de Schiphol. Quelques minutes plus tard, Jules et Luc sont venus nous retrouver avec une provision de canettes de bière. Je ne sais plus qui a pris l'initiative de joindre par téléphone tous les membres de la compagnie pour annoncer que «ça» se passait chez Normand. En moins de dix minutes, la chambre était archicomble. C'est alors que, venant je ne sais d'où (!), un premier joint a circulé. Comme tombé du ciel... Puis un deuxième, un troisième... Ces joints ont circulé fixés à ce qu'on appelait dans mon temps un *steamboat*, acheté à Amsterdam, dans une boutique de *paraphernalias* psychédéliques. Cet objet consiste en un tube dans lequel s'accumule la fumée aussi longtemps qu'un doigt en obstrue une des extrémités. Mais sitôt qu'on relâche la pression, toute la fumée accumulée dans le tube et relativement comprimée pénètre dans le système respiratoire, je dirais, comme un dard...

Avec l'arrivée à Zurich, la tournée commence à prendre l'allure... d'une tournée. Ces trois jours de relâche avant de remonter sur scène vont permettre à chacun de se détendre et d'organiser sa vie de nomade. Certains préfèrent s'isoler, d'autres se regroupent par affinités pour certaines activités... Le bonheur en tournée – comme dans toutes les circonstances d'ailleurs – suppose que l'on prenne des initiatives. Agir plutôt que réagir. Sinon, d'après ce que je commence à comprendre, on éprouve vite l'impression d'une errance sans but, d'un vague flottement.

Vivre, c'est s'adapter. Il n'empêche que, pour le moment, j'ai surtout l'impression de vivre déraciné. Et bien que j'entretienne avec le groupe de bons rapports, je dirais même d'excellents avec certains, je n'ai pas leur âge et une certaine ségrégation s'exerce à mon endroit. Je n'ai pas écrit : discrimination, mais bien ségrégation. Une attitude tout à fait normale. Dans certaines circonstances ou dans certains lieux, les gens d'un groupe d'âge donné souhaitent se retrouver entre eux. Quand je fréquentais les grands concerts rock avec mon fils, alors que j'avais les cheveux gris, je portais toujours un chapeau. Dans la situation où je me trouve présentement, je ne peux pas ignorer que j'ai l'âge des parents de la plupart de mes camarades, et même davantage pour certains. Je dois donc veiller à ne pas renforcer la perception qu'ils pourraient avoir d'une figure parentale ou d'autorité. Fort heureusement, ma dimension dionysienne me vaut d'être facilement accepté par les bringueurs. C'est à eux que je m'associe le plus souvent. Dans la bringue, curieusement, on n'a pas d'âge !

Jeudi 26 août

Je rédige ceci dans la loge que je partage avec Éric et Tony. Les loges de ce théâtre ont la particularité d'avoir été, dans le temps, des stalles ou des boxes... pour chevaux ! C'est que le Theater Haus a été aménagé dans les anciennes écuries municipales. Par endroits, les cloisons en madriers ont été grugés par les chevaux qui s'y sont fait les dents. Au fond se trouvent encore les mangeoires. C'est comme si l'odeur de cheval et du cuir des attelages me montait au nez ! J'aime assez l'atmosphère de ce lieu. Il évoque pour moi le cirque, la foire, la fête populaire.

Ce matin, j'ai acheté des cartes postales. Surtout pour mes petits-enfants qui profitent de mon voyage pour découvrir l'Europe sur une carte géographique épinglée au mur de la chambre de Julie, l'aînée. À Amsterdam, j'ai attendu la dernière journée pour acheter quelques cartes. J'ai rarement été aussi peu disponible en esprit qu'au cours de ces dix jours ! Pas le moindre espace libre dans ma tête... Il est grand temps que je revienne un peu à moi.

Le théâtre, pour moi, c'est aussi ce qu'on appelle dans l'armée l'intendance. Entre deux séances de mémorisation et de travail sur l'interprétation, pour me détendre, je me rends dans le manège, c'est-à-dire en fait dans le théâtre proprement dit, la salle, la scène et l'arrière-scène ayant été aménagées dans ce qui était autrefois le manège.

Les techniciens s'affairent au montage du décor de *Coriolan*. Un peu partout, des caisses marquées : « Théâtre Repère – Québec ». Je m'informe auprès de Luc, le régisseur général. Il y a trente-six caisses. De dimensions variables. Les plus grandes font près de trois mètres de long sur un peu moins de deux mètres de large et de haut. Pour ce qui est du poids, il s'en trouve qui font... jusqu'à cinq cents kilos! Elles contiennent les éléments de décors, les systèmes de projection, quelques pièces d'un éclairage d'appoint que l'on ajoute à celui des salles, jusqu'à l'ordinateur sans lequel on ne saurait désormais travailler au théâtre et tous les outils nécessaires pour les montages et l'entretien. C'est une entreprise considérable... Et tout cela doit être transporté d'un bout à l'autre de l'Europe et bientôt jusqu'à Tokyo. Le transport du matériel s'effectue en général par avion à l'aller et par bateau au retour.

Je m'assieds un moment dans la salle et regarde travailler les techniciens. Ce sont de vrais professionnels. Une machine de théâtre bien huilée. Je me rends ensuite en coulisse où se trouve Catherine. Elle cumule les fonctions de costumière et d'accessoiriste... Ah! ces jeunes compagnies! J'apprends qu'il y a quatre de ces grandes caisses pour les costumes et une pour les accessoires. Le Cycle Shakespeare exige en moyenne deux ou trois costumes par comédien par pièce! Sur chaque vêtement et chaque accessoire, on peut voir un point de couleur: pour *Coriolan*, un point rouge; pour *Macbeth*, bleu; pour *La tempête*, jaune.

Le directeur de scène annonce le temps de la pause. Une voix demande de la salle:

— Est-ce que je peux faire mes essais?

C'est Louise, la musicienne du groupe. Elle se tient au bas de la scène, devant un étalage d'*instruments* insolites utilisés pour la trame sonore et musicale de *Coriolan*. Les instruments pour le Cycle Shakespeare ont été conçus par Guy, un jeune compositeur qui a la particularité de concevoir et de fabriquer lui-même les instruments pour interpréter sa musique.

Tous ces instruments sont reliés à deux claviers superposés: l'un pour les instruments à vent et l'autre pour les instruments électriques. On dirait un orgue étrange et barbare, théâtral et tout à fait shakespearien! L'interprète peut jouer de chaque « instrument » indépendamment et peut aussi se servir de plusieurs simultanément et obtenir ainsi d'étranges accords. Elle parvient même à interpréter avec ces klaxons, ces sirènes, ces flûtes de camion des mélodies et un accompagnement! À chaque déplacement, Louise doit s'employer à «accorder» les instruments...

Comme je m'éloigne pour retourner à mes textes, elle répète une courte *Berceuse pour klaxons*, qui revient deux fois dans le spectacle.

Dans l'atmosphère de cet ancien manège, j'ai l'impression de me trouver parmi les «gens du voyage». Et d'en être moi-même.

Vendredi 27 août

J'ai toujours aimé écrire dans des loges de théâtre. C'est dans ce cadre que j'ai écrit plusieurs passages de mes pièces. J'aime la proximité de la scène, le sentiment d'urgence que cela éveille en moi. J'ai l'impression de me trouver dans l'action. Dans une loge, le ton juste me vient plus aisément. Pour moi, écrire pour le théâtre n'est pas une expérience littéraire associée à la retraite dans le calme, mais plutôt une forme d'artisanat qui se pratique mieux à proximité des planches... J'ai souvent écrit dans une loge de la Comédie canadienne. Et quelques années plus tard, dans une loge de l'Orpheum où le TNM a tenu l'affiche quelques saisons. À cette époque, quand il m'arrivait d'écrire dans le sous-sol, chez moi, je travaillais debout, sur le plan incliné d'un pupitre que j'avais fait construire dans un coin. Être debout me permettait, au besoin, de jouer la situation, de gesticuler, de me déplacer, d'exprimer une émotion, de trouver l'attitude corporelle si déterminante au théâtre. Ce qui avait pour effet de faire surgir la réplique!

Je viens de relire le paragraphe précédent... Il y a un certain regret chez moi, c'est l'évidence même. Un vieux contentieux avec le théâtre. Et la créativité en général. En rompant avec le théâtre, il y aura bientôt un quart de siècle, j'ai rompu avec une part de moi-même. Mais la présente tournée provoque en moi un tel éclatement de mes repères que désormais tout me paraît possible! Comme peut-être de revenir à l'écriture et, plus généralement, à une démarche créative dans le domaine du spectacle. C'est sans doute là que je pourrais le mieux aller au bout de ma folie – pour reprendre cette formule qui paraît m'habiter de plus en plus. À condition, bien sûr, que je puisse me faufiler dans les rangs serrés de mes amis les *baby-boomers* qui occupent tout l'espace!

Si je m'écoutais, tenez! je me mettrais sans plus tarder à écrire quelques répliques, comme ça, juste pour voir si je peux encore en enchaîner quelques-unes...

Dimanche 29 août

Hier, la première zurichoise de *Coriolan*, précédée dans l'après-midi d'une générale et la veille, en soirée, d'un enchaînement technique... Un luxe, quoi!

Aujourd'hui, j'ai besoin d'un peu de solitude, de tranquillité. Comme Prospéro, je me retire dans ma caverne. Dans la sienne, il est entouré de ses livres de magie. Les miens sont restés derrière. Je n'en ai apporté que deux que je vais étirer jusqu'à la fin de la première étape de la tournée. Il s'agit de la correspondance d'Alexandra David-Néel avec son mari. Chaque soir, j'en lis une ou deux lettres. Rarement davantage. Les journées sont tellement remplies que je tombe de sommeil. Comme si j'avais besoin de trouver un refuge. C'est heureux que je dorme bien, sinon je ne tiendrais pas le coup. Quant au second livre, c'est celui que m'a offert Marie à l'époque des premières répétitions à Montréal : *L'île de Prospéro* de Lawrence Durrell, dont je lis quelques pages à l'occasion. Comme ce matin, au réveil. Je n'en ai pas moins l'impression de tourner à vide. Ces lectures ne me suffisent pas. J'ai l'habitude de lire – parcourir, écrémer, selon le cas – de trois à cinq ouvrages par semaine. Sans compter les revues et les magazines. Depuis mon départ, je suis en manque.

Lundi 30 août

Aujourd'hui, relâche.

J'ai pris beaucoup de plaisir à jouer *Coriolan* trois soirs de suite. Je m'identifie de plus en plus au personnage de Ménénius. Son rapport avec Coriolan, le héros, est celui d'un père avec son fils. L'affection qu'il a pour lui devient de plus en plus inconditionnelle. Mais le pauvre homme, tel un clown sur le déclin, finira désabusé et trahi.

Nous avons obtenu un succès croissant d'une représentation à l'autre. Pour finir devant une salle archicomble ! Les médias, il faut le dire, nous ont fait un bel accueil.

Après le spectacle, comme presque tous les soirs, nous avons soupé au restaurant du théâtre. Une cuisine continentale bien apprêtée. Le soir, je mange surtout des pâtes.

Sur le chemin du retour, que nous parcourons toujours à pied, nous nous sommes arrêtés comme presque tous les soirs au bar-salon qui se trouve à mi-chemin de l'hôtel. C'est le seul établissement qui reste ouvert jusqu'aux petites heures, à ce qu'on dit. Les gens de spectacle n'ont pas mis longtemps à le découvrir.

À la terrasse, j'aperçois Gilles Maheu, le directeur artistique de Carbone 14 qui prend part à ce festival avec *Le dortoir*, un spectacle éblouissant. Gilles m'invite à prendre place à sa table. Je le rencontre pour la deuxième fois. La première, c'était à Montréal, au *coffee shop* de la Place des Arts. J'ai pourtant l'impression de le connaître depuis toujours. C'est un être affable et chaleureux.

La conversation s'engage. On parle de la vie de tournée. Je lui avoue que je trouve l'expérience difficile. Intéressante, voire passionnante par moments, mais difficile. Je m'ouvre plus facilement à lui qu'à mes camarades de tournée. Peut-être parce que, avec eux, je craindrais de ne pas paraître solidaire. Mais Gilles partage mon sentiment. Il a vécu l'équivalent de plusieurs années en tournée. Carbone 14 est sans doute la compagnie québécoise qui a le plus tourné sur la planète. Certaines années, elle se trouvait à l'étranger huit, neuf et même dix mois.

Le dortoir a été joué devant plus de cent trente-cinq mille specta-teurs. Alors que la compagnie ne compte que de vingt à vingt-cinq mille fidèles au Québec. C'est dire... La tournée dans le monde... « lui y connaît ça ! » Il n'hésite pas à me confier que, parfois, il trouve ça franchement « plate » ! Une chambre d'hôtel, deux ou trois jours, puis refaire les valises. Mais il s'empresse d'ajouter qu'il a aussi vécu de grands moments. Il me parle de la tournée de son spectacle *Le rail* qui nécessitait soixante tonnes de terre ! Qui n'avait pas donc été conçu pour la tournée... Et pourtant, ce spectacle s'est promené dans le monde pendant plus de quatre ans, malgré les tonnes de terre et des exigences tech-niques qui demandaient parfois jusqu'à une semaine de montage, à des coûts faramineux ! Sans compter que ce spectacle ne pou-vait être présenté dans un théâtre ordinaire et qu'il fallait chaque fois trouver un lieu qu'on transformait en théâtre pour l'occasion. En Israël, où *Le rail* a tenu l'affiche un mois, les représentations ont eu lieu dans un ancien entrepôt du port de Jaffa.

Gilles Maheu est un être attachant et exaltant. Nous avons passé une partie de la nuit à refaire le monde ! Qui, j'en suis sûr, se porte beaucoup mieux ce matin.

En nous quittant, je lui ai mentionné qu'il y a quelques années, j'avais entendu dire qu'il filait un mauvais coton et que j'avais alors pensé que c'était sans doute : la crise de la qua-rantaine !

— Je me suis dit la même chose à l'époque ! me répond Gilles qui me demande : Et la cinquantaine, c'est comment ?

— Je ne m'en souviens plus...

— Alors... la soixantaine ?

— Alors là, crois-moi, c'est une belle surprise !

Ce matin, pour le petit-déjeuner, je suis allé au café de l'autre côté de la place en face de l'hôtel, où se retrouvent sou-vent des membres de la compagnie. J'étais à peine assis que Paul vient me trouver :

— La critique est excellente... à ce qu'on dit, lance-t-il en déposant une pile de journaux devant moi.

Le festival fait l'objet d'une couverture médiatique impor-tante, mais on éprouve une certaine frustration à se trouver devant des articles rédigés ici en allemand, à Amsterdam, en néerlandais! Mais aussi une certaine fierté. Comme si, tout à coup, on se percevait sous un jour différent. On aura donc jusqu'ici parlé de moi, nommément ou non, en néerlandais et en allemand; et bientôt, de nouveau en allemand, puis en français (c'est moins exotique, le français!), puis en japonais (alors, là!) et, enfin, en anglais (de Grande-Bretagne!)...

Paul ajoute en s'éloignant :

— Il y a une photo qui va te faire plaisir dans le...

Et, jetant un coup d'œil sur un des journaux de la pile, il continue :

— ... *Tages-Anzeiger*.

J'éclate de rire en découvrant cette photo pour le moins drolatique qui nous montre, Anne-Marie et moi, face à face, la bouche ouverte. J'allais écrire : le bec, tellement nous avons l'air de deux oiseaux qui se chamaillent. Cette photo parmi d'autres de *Coriolan* dans une page d'un journal de langue allemande me donne l'impression agréable que je suis en vacances de moi-même. Comme si je vivais provisoirement une vie d'emprunt.

Une vingtaine de minutes plus tard, Anne-Marie arrive à son tour au café. Je lui montre notre photo. Elle s'en amuse beaucoup. Son express terminé, elle me porte volontaire pour l'accompagner le long des quais et visiter la cathédrale. Soit. J'apprécie beaucoup la compagnie de cette jeune femme. Je lui trouve une bien belle énergie. L'interaction d'une jeune femme et d'un homme plus âgé peut être fort agréable. Sans compter que c'est excellent pour mes hormones!

Il fait très beau. Nous descendons l'avenue pour ensuite emprunter les quais qui longent la rivière Limmat. C'est déjà presque l'automne, mais la végétation est riche. Bouquets d'arbres, pelouses, parterres fleuris. Sur la rivière, quelques voiliers, deux ou trois canots à moteur. Je ne suis pas doué pour les descriptions touristiques. Pas davantage pour le tourisme en général. Je confie à Anne-Marie que je n'aime pas tellement voyager. À moins de me rendre ailleurs pour y travailler. J'aime découvrir Zurich précisément parce que j'y travaille.

Dans le quartier où nous flânons, l'ancien et le moderne se côtoient de façon harmonieuse. Un peu plus loin, sur le sommet d'une colline, nous découvrons la cathédrale Grossmünster. Deux hautes tours de trois étages, surmontées de coupoles de bois. Une architecture lourde. À l'intérieur, de beaux murs de pierre sur lesquels joue la lumière richement colorée de vitraux modernes signés Auguste Giacometti – le frère d'Alberto, le célèbre sculpteur.

Au retour, nous repassons par les quais, d'un pas lent. À un moment, nous croisons une dame assez jeune qui me lance un regard appuyé – c'est du moins ce qu'il nous a semblé. Anne-Marie me dit à l'oreille : ·

— Tu as fait une touche !

Je lui réponds :

— C'est une belle époque pour les hommes d'un certain âge... On profite de deux générations de jeunes femmes qui se remettent plutôt mal de la démission des pères... Et puis, je vais te confier un secret... mais ne le répète à personne ! Dieu, qui est Lui-même très-très âgé, favorise grandement la tendance gérontophile...

Mardi 31 août

Je suis à la terrasse d'un café sur la Bahnhofstrasse, la « rue de la gare ». En fait, c'est une avenue. Et c'est l'artère principale de Zurich, du moins la plus animée. Une belle avenue plantée de tilleuls. Ces arbres me font penser que la montagne n'est pas loin. Avec ses pentes de ski et ses vaches ! L'idée que des vaches suisses, des vaches à gruyère, ne sont pas loin me rassure... La montagne d'un côté, que je ne vois pas, et de l'autre, le lac, que je ne vois pas davantage mais que je sais être là. Et le long de ce lac, un grand parc où ont lieu la plupart des activités du festival. Je n'ai pas encore trouvé ni le temps ni l'énergie de m'y rendre. C'est ainsi. Mais je compte le faire ce soir...

C'est ici le centre d'affaires le plus important de toute la Confédération helvétique. On y trouve des commerces de luxe et plusieurs des grandes banques – les temples de la religion helvète! Et partout des voitures de luxe! Zurich est l'une des villes les plus riches du monde! Mercedes, BMW, Lotus...

Un peu plus loin, derrière la rangée de tilleuls, les tramways se succèdent dans les deux sens à un rythme rapide. À l'intérieur de tous les « abritrams » (on dit bien « abribus »!) sont affichés une carte de la ville et les horaires. Et sur ces horaires, l'heure à laquelle chaque tram s'arrête, à la minute exacte. C'est le pays de l'horlogerie! Premier tram, 5 h 02; deuxième tram, 5 h 13; troisième, etc. Il y a de plus en plus de trams, forcément, au fur et à mesure qu'on approche de l'heure de pointe. Un peu sceptique, j'ai voulu vérifier l'exactitude de ces horaires suisses. Je me suis donc assis dans un de ces abritrams où je suis demeuré une vingtaine de minutes. À un moment, je sais que le prochain tramway doit s'arrêter dans exactement une minute et demie. Eh bien, trente secondes plus tard, je le vois qui se pointe au loin et qui vient s'arrêter exactement à l'heure indiquée sur l'horaire. Pas croyable mais vrai! Ni avant ni après! Ils le font exprès, ma parole! C'est un véritable ballet de trams, une chorégraphie horlogère... Je suis tellement fasciné que je refais l'expérience à quelques reprises. Ça tombe toujours pile. Je me dis : « Dans quarante-cinq secondes... » Et quinze secondes plus tard, je vois le tramway qui se pointe pour s'arrêter, à son tour, exactement trente secondes plus tard. Quel monde surprenant que celui de ces bourgeois obsédés par l'ordre, qui doivent cependant composer avec leurs milliers de drogués.

On peut voir ces drogués en particulier dans un parc le long d'une voie ferrée, près d'une gare désaffectée. Je les ai observés d'un viaduc. Triste spectacle. Et plusieurs fois en quittant le théâtre, le soir, j'en ai aussi vu qui rêvassaient sur les bancs d'un parc, le long de la Gessnerallee. Un de nos techniciens m'a dit avoir trouvé des tas d'aiguilles hypodermiques derrière le théâtre, près des portes de l'arrière-scène. Un Zurichois, à qui je parlais de ce phénomène, m'a simplement dit :

— Un de ces drogués est le fils du président d'une des plus importantes banques... Peut-être que ça explique tout...

Peut-être, en effet, le chaos naît-il de l'ordre... C'est très « taoïste » comme réflexion.

Je suis maintenant attablé dans le magnifique parc qui est le cœur du festival. C'est le soir et il fait un peu frais. Ce n'est pas désagréable.

Ce parc compte deux théâtres où sont présentés quelques spectacles du festival. Celui où je ne suis pas encore allé est situé quelque part par là ; quant à l'autre, il se trouve de l'autre côté. C'est là que le Théâtre des Deux Mondes présente un spectacle tout à fait remarquable, que j'ai vu en fin d'après-midi : *L'histoire de l'oie*, du dramaturge québécois Michel Marc Bouchard. Le sujet en est la violence faite aux jeunes, traité par le biais d'une métaphore : une oie qu'on violente. C'est très émouvant. À mon grand étonnement, ce spectacle, produit par une compagnie de Montréal (Québec, Canada), est présenté ici en langue allemande, par des comédiens québécois. Ils peuvent aussi l'interpréter en espagnol, et en anglais il va sans dire, sans compter le français... Daniel Meilleur, un des directeurs de la compagnie, m'apprend que les comédiens travaillent par oreille avec l'aide d'un répétiteur.

J'aurais envie de m'asseoir au pied d'un arbre – ce chêne là-bas – et de passer la nuit à regarder les reflets sur le lac se défaire et se refaire, jusqu'à la barre du jour. Parmi les gens qui circulent dans les allées, je vois des chiens qui vont ici et là, qui jouent ensemble, puis rejoignent leurs maîtres ou leurs maîtresses, parfois même jusqu'à l'intérieur des établissements. Tout ça, en Suisse alémanique, et sans que personne s'en formalise ! Je parlais de cette tolérance tout à l'heure, au cours de la réception, avec l'adjoint du maire. Je lui disais mon étonnement et ma joie devant la tolérance zurichoise à l'égard des chiens. Il m'a répondu :

— Les bêtes qui fréquentent le festival ont du goût pour la culture et spécialement pour le théâtre... C'est même très important dans notre festival... Il y a les gens de théâtre et le public. Et il y a les chiens. Sans les chiens, ça ne fonctionnerait pas !

Avec le plus grand sérieux, bien sûr.

Mercredi 1er septembre

J'ai toujours aimé flâner dans un théâtre : de la marquise à l'arrière-scène. J'ai l'impression de me trouver à bord d'un navire. Ce rapprochement me rappelle qu'à une époque on recrutait les machinistes parmi les matelots à la retraite. Ils avaient l'habitude des cordages. Le monde du théâtre a même hérité de certaines superstitions de la marine à voile, par exemple il ne faut jamais prononcer le mot *corde,* sur scène comme à bord d'un bateau, sans doute parce qu'il est associé à la pendaison !

Après avoir flâné un moment dans la salle, je suis monté sur la scène au milieu du décor sombre et lourd de *Macbeth.* Il occupe toute la largeur de la scène sur deux niveaux. L'équipe technique en a fait le montage dans la journée et la nuit d'hier.

On a été convoqués pour treize heures. En principe, la générale technique – nous avons repris nos habitudes ! – doit débuter à quatorze heures. Mais nous avons pris du retard sans que l'on sache à quoi l'attribuer. Il y a déjà un bon moment qu'on ne sait plus trop ce qu'on attend pour commencer. La production de *Macbeth* est complexe. Chacun doit vérifier qui un instrument de percussion ou d'effet sonore, qui un accessoire ou une pièce de costume. Aujourd'hui, nous allons répéter en costumes. Mais nous sommes convenus que l'accent sera mis sur la technique plutôt que sur l'interprétation. À la générale technique de *Coriolan,* il y a quelques jours, nous avons trop poussé l'interprétation. C'est peut-être ce qui explique qu'à la représentation nous avons par moments manqué d'énergie.

Je continue de pratiquer l'art de vivre harmonieusement avec une autre génération. Un principe s'impose à moi avec de plus en plus de force : il faut être disposé à apprendre des jeunes. Être même plus soucieux d'apprendre d'eux que de leur enseigner. L'énergie est Une. Mais chaque âge de la vie l'exprime selon son niveau d'expression. Le plus difficile quand on travaille avec des jeunes est de savoir – *par expérience* – que telle entreprise, telle démarche, tel projet ne marchera pas, mais de ne pas pouvoir les prévenir sous peine de passer pour défaitiste. Il n'y a plus, alors, qu'à assister au désastre !

Mais, à la réflexion, il y a pire encore ! Savoir – *par expérience* – que telle entreprise, telle démarche, tel projet ne marchera pas, mais de constater que, contrairement à toutes les réserves que commandait l'expérience, eh bien, cette fois, ç'a marché !

Jeudi 2 septembre

Macbeth a été bien accueilli par le public. Certains d'entre nous, pourtant, souhaitent remettre quelques scènes sur le métier. À la suggestion de Marie, nous sommes donc convenus de nous retrouver cet après-midi pour une répétition. Au programme, deux scènes. Ce sont celles que Robert a revues et corrigées à Québec, puis à Amsterdam : les scènes de l'assassinat de Banco et du banquet. Ça devient obsessif !

En revenant au monde du spectacle après une rupture de vingt-cinq ans, je découvre que les critères d'évaluation ne sont plus les mêmes. Les jeunes comédiens avec lesquels je travaille dans le Cycle Shakespeare n'ont pas reçu la même formation que ceux de ma génération. S'il m'arrive parfois de voir chez eux certaines lacunes, surtout au chapitre du verbe : diction, phrasé, etc. En revanche, ils sont plus polyvalents que ne l'étaient ou ne le sont ceux de ma génération. Sans doute sont-ils aussi, dans l'ensemble, plus créatifs. Ils ont en particulier une grande aptitude à travailler en équipe. Ce qui est d'autant plus souhaitable dans le cas présent que Robert Lepage, qui se rattache à la lignée des grands scénographes, investit peu de lui-même dans la direction d'acteurs.

Nous avons donc passé plus de deux heures à polir et à repolir ces deux scènes dans un bel esprit d'équipe, chacun y allant, ici et là, d'une suggestion. Une belle démarche de création collective ! Robert serait fier de nous...

— Au fait, ai-je demandé à la fin de l'exercice, où donc est Robert dans tout ça ?

En fin d'après-midi, pour la première fois depuis le départ, j'ai communiqué par téléphone avec *Par quatre chemins*. J'ai d'abord parlé à « Madame Talbot », ma réalisatrice depuis bientôt quinze ans. La pôvre ! Elle doit maintenir l'émission à l'antenne pendant mon absence. On rediffuse certains des propos que j'ai tenus au cours des dernières années, regroupés par thèmes, avec Anne Morency à l'animation. C'est avec elle que je me suis ensuite entretenu une dizaine de minutes pour l'émission.

Je me suis surpris à exprimer des opinions que je ne pensais pas avoir ! Et à recourir à des formules inattendues... C'est ainsi lorsqu'on ouvre les vannes chez un verbo-moteur... Comme elle me demande quelle est mon impression à cette étape de mon aventure, je lui réponds que j'ai l'impression d'être en congé de moi. Ce qui, de prime abord, peut sembler positif mais qui peut aussi signaler comme une fêlure, un début de crise d'identité peut-être... Je ne lui cache pas que j'éprouve un manque : la lecture de nombreux livres et d'articles divers. À un moment, comme je devais m'y attendre, elle a repris la formule à laquelle j'ai recouru à plusieurs reprises depuis que j'ai accepté de me lancer dans cette folle entreprise : l'importance d'aller au bout de sa folie... J'ai tellement rebattu les oreilles de tout le monde avec cette formule ! Je lui avoue qu'il m'arrive parfois de penser, dans le secret de mon cœur, que je me suis peut-être moi-même piégé avec cette formule ! Dans un éclat de rire, bien sûr. C'est bien là que je suis, pourtant, au bout de ma folie. Comme un poisson au bout de la ligne !

Pendant quelques minutes, nous parlons de la compagnie. Je lui dis que je considère comme un privilège, à ce moment de ma vie, d'être associé à une jeune compagnie de théâtre. Ce qui ne va pas sans exiger beaucoup de moi. Il m'arrive d'éprouver parfois le sentiment de ne plus avoir d'acquis. Comme si, tout à coup, je ne connaissais plus rien et que je doive repartir de zéro, forcé d'accueillir les suggestions, les conseils des jeunes... Sans compter qu'ils ont raison, ce qui est parfois difficile à prendre ! Et que j'ai même intérêt à faire ce qu'ils me suggèrent... La difficulté quand on reprend un ou des rôles, c'est d'être un « nouveau » parmi des « anciens », c'est de vivre avec l'impression qu'on est toujours derrière les autres. Ceux qui ont pris part à la première tournée connaissent bien leur texte, savent tous les mouvements, alors que les nouveaux vivent avec l'impression d'être des arriérés...

C'est le risque de repartir de zéro ! Alors que j'aurai bientôt quarante-cinq ans d'expérience dans le domaine de la communication ! Et pourtant, tous les soirs où je monte sur les planches, j'ai l'impression de débuter. C'est dans la nature même de ce métier, qui, au fond, ressemble à la vie. Qui en serait même la parfaite métaphore. « Tout est toujours à recommencer... » C'est ce qui est difficile et avec quoi je dois composer ! Mais c'est aussi ce qui permet de rester jeune, vivant. C'est du moins ce que je soutiens depuis des années... Je suis donc incroyablement vivant ! Même si, au moment où je me raconte à la radio, j'ai l'impression d'être à moitié mort...

J'ai même reconnu que mes beaux principes bouddhiques en arrachent... Que j'éprouve parfois du mal à maîtriser la situation. Et qu'il m'arrive souvent de me sentir effectivement au milieu d'une tempête !

Ce soir, deuxième représentation de *Macbeth* à Zurich.

Vendredi 3 septembre

En m'éveillant ce matin, j'avais en tête ce vers de Paul Éluard : « Le dur désir de durer... »

Hier, après la représentation, les spectateurs étaient invités à rencontrer les comédiens. Ils étaient une trentaine. Nous étions six. Marie a assuré la direction.

Au cours de telles rencontres, les spectateurs souhaitent en savoir davantage sur l'intention qui a présidé à la conception du spectacle, sur le travail du metteur en scène. Pour les artisans du spectacle, l'intérêt de ces rencontres réside, bien sûr, dans le feed-back.

La plupart des observations formulées m'ont semblé positives avec, toutefois, certaines réserves. Qui ne me paraissent pas sans fondement. En particulier les remarques concernant le niveau de la compagnie. Il s'agit ici de ce qu'on appelle dans le métier une jeune compagnie. C'est-à-dire – si je me risque à définir cette notion – un groupe de comédiens dont l'âge moyen est inférieur à celui des personnages qu'ils doivent incarner. De plus, il s'agit ici d'une compagnie de répertoire, les mêmes comédiens devant interpréter plusieurs pièces. Or, si tel comédien a été choisi pour interpréter tel rôle dans telle pièce, il ne représente pas nécessairement le meilleur choix pour les rôles qu'il doit aussi interpréter dans les autres pièces... Ce qui explique peut-être l'impression d'un des spectateurs, le plus critique du groupe, qui estime que la compagnie n'est pas à la hauteur de la réputation internationale de son metteur en scène... Car c'est, de toute évidence, la réputation de Robert Lepage qui attire le public, généralement averti, à ces festivals. Mais, en dernière analyse, c'est à la compagnie que revient la tâche de défendre le spectacle.

À cette critique on pourrait répondre qu'il n'y a pas chez nous de compagnies permanentes comparables à celles qui existent ailleurs dans le monde, en particulier en Europe, ces compagnies qui ont des comédiens attitrés. Pour expliquer cette lacune, la raison économique n'est sans doute pas la seule qu'on puisse invoquer, mais elle mérite d'être rappelée. Un comédien suisse allemand m'apprenait hier que l'échelle des salaires des comédiens en Allemagne et en Suisse alémanique s'étend de 30 000 $ US par année pour un débutant à 120 000 $ US pour un comédien chevronné! Fallait-il avouer à ces spectateurs zurichois que le revenu moyen des comédiens de notre compagnie est d'environ 8 000 $ CAN! par année?

Cela dit, une jeune compagnie – et de répertoire, par surcroît – doit compenser les faiblesses inhérentes à sa nature même par une certaine ferveur. Ce qui me paraît le cas du Théâtre Repère. Et elle doit aussi compenser par beaucoup de rigueur. C'est peut-être ici ce qui laisse parfois à désirer... Une question ô combien délicate. Dans les arts d'interprétation, il ne suffit pas que l'émetteur ressente bien l'émotion, mais il faut que le message soit clair afin d'être bien ressenti par récepteur.

J'ai déjà abordé cette question avec quelques camarades. Mais sans insister. J'ai moi-même assez de mal à me tirer d'affaire dans les circonstances que j'estime n'avoir pas de leçons à donner!

Samedi 4 septembre

Hier soir, après la représentation de *Macbeth*, j'ai mangé légèrement et je suis rentré me coucher sans tarder. J'ai rêvé à Théo*, qui m'a accueilli chaleureusement dans le lieu onirique où nous nous retrouvons à l'occasion. (Je ne peux pas évoquer autrement l'impression que me laissent ces retrouvailles, pour ainsi dire...) Nous avons eu une longue conversation dont il ne me reste rien – du moins consciemment.

Depuis le décès de Théo, je suis allé le retrouver en rêve à cinq reprises. Toujours dans ce petit temple grec dont il ne reste que les colonnes qui soutiennent encore une partie du toit. Le lieu est ouvert de tous les côtés, au milieu d'un jardin à moitié sauvage, à proximité de la mer. Il évoque pour moi le temple de Poséidon à cap Sounion, près d'Athènes, qu'on peut voir de la mer en sortant du port. Théo porte toujours le même vêtement : une tunique ample comme une djellaba. Nous marchons ou plutôt nous avançons comme en glissant, côte à côte, au milieu du temple. Notre conversation est chaleureuse. Comme dans la vie, il est mon supérieur. Je me confie à lui. Je fais le point. Et je reçois un enseignement. Des directives peut-être. Ou bien il s'agit de rencontres véritables sur le plan psychique. Ou bien d'un rêve. Dans ce cas, la personne de Théo serait une projection de mon propre Moi, mon gourou intérieur. Ce qui revient au même.

Dans les dernières années de sa vie, nous avons dîné ensemble à quelques reprises. Au cours d'une de ces rencontres, je lui ai demandé : « Qu'est-ce qui, selon vous, fait agir les gens ? Quel est le moteur ? » Il a tourné son regard d'un côté, puis de l'autre, comme s'il cherchait quelque chose ou quelqu'un. J'ai

---

* Théo Chentrier, psychologue, psychothérapeute et père de la psychanalyse au Québec. Un homme d'une grande culture. Durant plusieurs années, il a animé une émission radiophonique, *Psychologie de la vie quotidienne*. Jacques Languirand, qui considère le professeur Chentrier comme un de ses maîtres à penser, estime que sa contribution à l'évolution des mentalités a été déterminante, dans la perspective de ce qu'on appelle la Révolution tranquille. (N.D.É.)

pensé qu'il n'avait pas entendu ma question, car il avait la réputation d'être dur d'oreille. Ce qui ne l'a jamais empêché, pourtant, de prendre part à une conversation... lorsqu'elle était intéressante. J'ai toujours pensé, quant à moi, qu'il feignait de ne rien entendre quand les gens autour de lui disaient des âneries... Mais voici qu'il me répond soudain : « Ce qui fait agir les gens, c'est l'ennui ! Les gens s'embêtent, ils s'emmerdent... »

Et si c'était l'ennui qui m'avait poussé à relever le défi que représente cette tournée ? Ou même la peur de l'ennui ?

Plus je me familiarise avec *La tempête*, plus je découvre le génie de Shakespeare. Cette tournée m'aura permis d'observer, en quelque sorte, son génie à l'œuvre. Dans *La tempête*, que certains considèrent comme son testament, un des thèmes abordés, est le dépouillement nécessaire pour parvenir à la sagesse. Un grand thème. Et, selon moi, d'une haute spiritualité.

> *... ces magies brutales*
> *je m'en débarrasse maintenant*

Moi, Prospéro...

Je comprends que je dois, moi aussi, renoncer à mes pouvoirs, non seulement à les exercer mais aux pouvoirs mêmes — maintenant qu'ils m'ont permis de progresser et que je les maîtrise enfin !

> *j'ai besoin d'un peu de musique seulement*
> *pour certains effets de charmes sur les sens*
> *je vais ensuite casser ma baguette*
> *l'enterrer au plus profond de la terre*
> *jeter mon grand livre*
> *dans l'oubli de la mer*
>
> *[...]*
>
> *car les pouvoirs qui jusqu'ici*
> *m'ont permis de surmonter les obstacles*
> *sont maintenant devenus l'obstacle*

[...]

me voici parvenu à l'étape
où je dois me dépouiller
des pouvoirs auxquels je me suis identifié
et même de mes opinions qui représentent
le système de défense ultime

[...]

à l'étape du dépouillement :
dévêtu de mes oripeaux,
délivré de mes pouvoirs
enfin détaché de moi-même
et libre

Dimanche 5 septembre

Depuis mon départ de Montréal, j'égare ou je perds des objets : un stylo, ma blague à tabac, un carnet de notes, mon parapluie... Ce qui m'apparaît comme le signe que je ne suis pas centré. Mais en quelques jours, presque tout m'est revenu. À l'exception du parapluie. Tant pis pour le parapluie... Je vois dans le retour des choses l'indication que je retrouve une certaine maîtrise.

Hier, c'était la première zurichoise de *La tempête* et, pour moi, la deuxième fois que j'interprétais devant public le rôle de Prospéro. Mes camarades ont paru satisfaits. Mais c'est toujours à recommencer. Dans quelques heures, je devrai remonter sur scène. Comme on se lève, un matin après l'autre.

Nietzsche dit quelque part qu'il ne suffit pas d'accepter son destin mais qu'il faut l'aimer. Il écrit : *amor fati*, mots latins qui signifient «aimer le ou son destin». Le destin, c'est non seulement *ce qui me vient de l'extérieur*, mais aussi *ce que je suis* – en particulier le tempérament. Ce que je ne peux pas changer en moi, c'est aussi mon destin. Le caractère, lui, est acquis : je peux intervenir sur ce plan. En principe. Aimer son destin, ce serait donc accepter ce qui advient mais aussi s'accepter, faire avec soi !

Le jour où j'ai déclenché cette tempête, je savais qu'elle serait un moment fort du voyage. De cette quête – de quoi ? Du dépassement peut-être... Courir très vite et très loin pour se dépasser... Ou se fuir ? C'est le mot fuite qui me vient d'abord à propos du voyage. La fuite des habitudes qui retiennent la vie dans les ornières quotidiennes.

C'est la médiocrité que je combats depuis que j'ai l'âge de raison. Il s'agissait déjà, à cette époque, d'échapper à la médiocrité que je soupçonnais autour de moi. Comme en moi-même aussi sans doute. Cette médiocrité qui menaçait de m'entraîner. Encore aujourd'hui, j'ai peur de m'arrêter, peur de l'inertie. C'est à peine si je peux reprendre mon souffle. Comme si je redoutais d'être entraîné, englouti peut-être, par la médiocrité...

C'est sans doute à quoi sert le voyage, qui répond à un besoin d'expériences nouvelles, à un profond désir de changement, autant à l'intérieur qu'à l'extérieur, bien plus peut-être à l'intérieur. Selon Jung – si je n'avais pas évoqué Jung à Zurich, la ville où il a vécu la plus grande partie de sa vie, j'en aurais fait une jaunisse –, le voyage témoigne d'une insatisfaction qui pousse à la recherche et à la découverte de nouveaux horizons. Mais cette aspiration au voyage traduit-elle la quête de la Mère perdue, comme le pense Jung ? Ou, au contraire, la fuite de la Mère – dans sa double nature, à la fois généreuse et possessive ? Le rapport avec la Mère aura joué un rôle important dans ma vie : tantôt la recherche, tantôt la fuite.

La tempête, oui, un moment fort du voyage.

Mardi 7 septembre

Hier, troisième et dernière des trois représentations consécutives de *La tempête* à Zurich. Je commence à apprécier l'expérience. Aujourd'hui, jour de relâche.

Quelques jours après notre arrivée à Zurich, on a vu apparaître le premier rhume, suivi de quelques bronchites et, bientôt, de quelques grippes. J'ai pensé que j'échapperais à ce mauvais sort, mais, ce matin, je me suis levé avec une sinusite... Tout le monde y sera passé. Il faut dire que le temps est gris.

C'est déjà le petit automne gris de l'Europe. Le triomphe de l'imperméable léger et du parapluie ! Et sans doute n'avons-nous pas les anticorps qui nous permettraient de résister aux micro-organismes européens.

Avec le premier rhume sont apparus les premiers médicaments. Depuis, chacun a les siens. Pastilles, sirops, gouttes nasales, pilules diverses, gélules, capsules et granules. Tout y passe. Et de toutes les écoles : depuis le médicament obtenu par ordonnance (en allemand) de l'un des médecins attachés à la compagnie de théâtre qui nous accueille – c'est mon cas – à la panoplie des grainailles homéopathiques. Je m'étonne d'une telle diversité de produits. On se les compare, on en fait l'éloge, on se les échange même à l'occasion. Sur la route qui mène de l'hôtel au théâtre, il y a deux pharmacies où nous sommes bien connus ! Comme c'est rassurant. Mais jusqu'ici pas de miracle à l'horizon... Entre nous, on se répète la vieille blague – j'ai dû l'entendre une dizaine de fois : « Tu vois le médecin, ça dure une semaine ; tu n'en vois pas, ça dure sept jours... »

En attendant, c'est le triomphe des placebos ! Et des vitamines, et des pastilles aromatisées... et de tout ce qui entretient l'espoir.

Demain, nouveau départ pour une nouvelle étape.

Depuis quelques jours, je sens se rallumer ma libido. Une toute petite flamme encore vacillante... Mais tout de même présente ! Le chasseur émerge lentement du stress. Je dois être un peu moins en inhibition d'action – pour emprunter à Henri Laborit sa formule. Je reviens à moi ! Je n'ai pas encore, il est vrai, l'énergie de draguer. Mais je commence à considérer cette éventualité. C'est toujours ça.

Une attitude des Zurichois m'a beaucoup frappé. Peut-être parce qu'elle m'embarrasse un peu... Dans les lieux publics, j'ai observé – comment dire ? – une certaine déférence à mon endroit. Ah ! Comme j'aurais aimé que ce fût l'effet de la renommée. Que non ! C'était, pour tout dire, l'effet de mes cheveux blancs ! D'où mon embarras.

Dans les tramways, les jeunes m'offrent leur place comme mus par un ressort ! Dans les restaurants, on me trouve toujours une place rapidement. Comme si je risquais de m'évanouir ou de me liquéfier ! Dans la rue, on s'écarte pour me laisser passer. Bref, les Suisses, les Zurichois à tout le moins, font preuve d'un très grand respect envers les *aînés* – comme on dit ces années-ci. Mon expérience zurichoise m'aura pour le moins changé des rapports des jeunes avec les aînés chez nous, qui sont souvent cavaliers, pour ne pas dire franchement barbares !

Mon embarras ne vient donc pas de la manifestation de cette déférence, que je trouve naturelle et qui est l'expression d'une bonne éducation. Mais simplement d'en être moi-même devenu l'objet. C'est là que le bât blesse !

Mercredi 8 septembre

Vol de KLM : Amsterdam – Brême.

Je connais peu l'Allemagne. Je ne suis jamais allé à Brême. Mais au cours de l'été 1951, j'ai passé près d'un mois à la Lorelei sur le bord du Rhin. Je prenais part au premier camp de la jeunesse... européenne. Cet événement colossal réunissait, tous les dix jours, près de dix mille jeunes venus de tous les pays qui devaient former, une quarantaine d'années plus tard, l'Europe Unie. À cette époque, c'est-à-dire quelques années après la Seconde Guerre mondiale, l'Allemagne était divisée en quatre zones qu'occupaient les Alliés : les zones française, britannique, américaine et soviétique. Le camp de la jeunesse européenne était en zone française. Par suite d'un curieux concours de circonstances, j'y exerçais la fonction de représentant officiel de la Radio diffusion française (RDF). Une fois le camp terminé, comme j'avais bien fait ce qu'on attendait de moi, la Délégation française m'a invité à séjourner à Berlin. C'était à l'occasion du premier Festival de théâtre qui devait donner naissance, quelques années plus tard, au Festival de cinéma – tous deux devenus depuis des institutions.

Berlin se trouvait en zone soviétique. On ne pouvait s'y rendre que par avion ou par le train militaire.

Parvenu à la première gare de la zone soviétique, le train s'arrête plus d'une heure. On recouvre les fenêtres des wagons de grands panneaux de bois. C'est la belle époque de la guerre froide ! J'ai l'impression de vivre dans un roman de Le Carré, avant la lettre. Au moment de la vérification des papiers par les militaires soviétiques, il règne un silence troublant que rompent de temps à autre le bruit des bottes qui se déplacent d'un passager à l'autre, d'un compartiment à l'autre, et celui des pages feuilletées des passeports et des livrets gris qui tiennent lieu de visa. Rédigés dans les trois langues des occupants, ces documents sont examinés sous toutes les coutures par de jeunes soldats, vêtus de gris, mitraillette à l'épaule. Nous avons été prévenus qu'on doit toujours leur présenter son passeport ouvert à la page où se trouve la photo. Et dans le bon sens...

Je ne me sens pas très brave avec mon passeport canadien et mon livret gris qui m'accorde le statut d'officier français ! La dissonance m'inquiète. Pour ce qui est de mon statut d'officier français, il me vaut le privilège de voyager à bord de ce train militaire et, une fois à Berlin, comme je le découvrirai le lendemain, celui de jouir de certains avantages de l'occupant, en particulier de disposer d'une chambre spacieuse avec une salle de bains comportant une baignoire fabuleuse. À regretter d'y être seul !

À Berlin, grâce à mes appuis officiels français – le commandement britannique ayant même refusé de prendre note de ma présence ! –, je suis invité à faire un stage au Berliner Ensemble, la célèbre compagnie de théâtre que dirige Bertolt Brecht. Je n'étais guère sensible à son engagement politique, mais son esthétique théâtrale m'intéressait beaucoup. Faire un stage au Berliner, à cette époque, n'était pas une mince affaire. Le théâtre et le vaste atelier de la compagnie se trouvaient en secteur soviétique. La secrétaire générale de la compagnie, Mme Ruth Berlau, m'accueillit chaleureusement.

À cette époque, un seul spectacle, que j'ai vu deux fois, était à l'affiche : *La mère*, d'après le roman de Gorki. Ne comprenant à peu près pas l'allemand, je m'attachais d'autant plus à la scénographie et aux astuces techniques héritées de Piscator. Ce fut pour moi une révélation. Entre autres nouveautés pour moi : les éclairages étaient blancs, à l'exception d'un projecteur dit « spécial », rouge, braqué sur le drapeau de la révolution qui flottait dans le vent d'un puissant ventilateur. L'éclairage blanc n'était pas courant alors au théâtre. À ma connaissance, seuls Bertolt Brecht et Orson Welles l'utilisaient. Depuis, c'est une pratique courante. C'est le cas de Robert Lepage.

Le plus important de ce stage a été d'assister au travail d'atelier des comédiens sous la direction de Brecht qui, je dois le préciser, n'appréciait guère ma présence. Quand il regardait de mon côté, j'avais l'impression d'être transparent. C'est qu'il ne voyait pas l'intérêt que pouvait offrir un stagiaire de mon acabit pour la cause communiste. Au cours du bref entretien qu'il m'avait accordé, je lui avais avoué que je n'étais pas communiste. Ruth Berlau estimait pour sa part qu'il était souhaitable que le Berliner Ensemble accueille à l'occasion des stagiaires non communistes, précisément pour infléchir leur orientation politique. Je me trouvais pris entre deux conceptions de la propagande.

Après quelques semaines à Berlin, j'ai éprouvé le besoin de changer un peu d'air. Le climat politique était de plus en plus lourd. On était non seulement en pleine guerre froide mais en plein « pont aérien » – le célèbre « Luftbrücke » – qui ravitaillait la ville dont les soviétiques avaient entrepris le siège. Toutes les quinze minutes, un B-57 se posait pendant qu'un autre s'envolait vers une des bases militaires américaines pour refaire le plein de tout ce qu'il fallait pour assurer la survie des assiégés ! Jour et nuit, on pouvait entendre les avions au-dessus de nos têtes. Dans la ville, l'atmosphère était passablement tendue. On peut l'imaginer facilement. J'ai donc décidé de mettre rapidement fin à mon séjour et à mon stage.

Dans quelques minutes, nous allons atterrir à Brême.

Brême

Vivre dangereusement.
Ah! si vous saviez comme j'ai peur de la vie!

Brême

Nous sommes arrivés hier. De l'aéroport à l'hôtel : une ville moderne sans plus. Brême est un des grands ports d'Allemagne, une des grandes places commerciales. Elle est aussi la rivale de Hambourg, qui se trouve à un peu plus d'une heure de route.

L'hôtel de ville est un bâtiment de brique de style gothique avec une façade Renaissance. C'est là que nous avons été officiellement reçus. Cette réception marquait le dixième anniversaire de la compagnie qui nous accueille à Brême dans le cadre de son premier Festival Shakespeare. La Shakespeare Bremen Company a la particularité de ne présenter que des pièces de Shakespeare en allemand ; quant à nous, nous allons présenter trois pièces de Shakespeare en français ; une compagnie venue de l'Inde va présenter une pièce, toujours de Shakespeare, en hindi, et qui plus est dans le style *katakali*, forme traditionnelle du théâtre indien ; une troisième, d'Argentine, va présenter à son tour une pièce, encore de Shakespeare, en espagnol et dans l'esprit du théâtre de rue, mâtiné d'un peu de l'atmosphère du cirque... Il faut être le plus grand dramaturge de l'histoire pour résister à une telle diversité de visions !

Au cours d'une conversation avec l'adjoint du maire et quelques invités, on en vient à parler de subventions aux arts. L'adjoint exprime ouvertement l'opinion selon laquelle une compagnie de la classe de la Shakespeare Bremen Company devrait recevoir un montant équivalent à deux millions de dollars US par année pour couvrir ses coûts de fonctionnement. Il déplore qu'elle ne reçoive pas encore cette somme, qui me paraît d'autant plus considérable que le Théâtre Repère, à ce que je sache, reçoit moins de 300 000 $ CAN par année pour l'ensemble de ses activités au Québec, au Canada et à l'étranger. Autre précision, pour le moins effarante à nos yeux de pauvres : les revenus de vente des billets ne représentent en moyenne, en Allemagne, que de 4 à 5 p. 100 du budget des théâtres. L'adjoint reconnaît par ailleurs, avec une certaine tristesse dans la voix, que la ville de Brême n'accorde que 1,8 p. 100 de son budget à la culture et aux arts. Ce qui est très peu, précise-t-il, lorsqu'on sait que d'autres villes allemandes accordent jusqu'à 10 p. 100 ! On croit rêver. En général, ajoute-t-il pour répondre à une question que je lui pose, les villes d'Allemagne accordent de 2,5 à 3, et parfois même 4 p. 100 de leur budget à la culture et aux arts. J'en demeure estomaqué !

Le Théâtre Repère prendra l'affiche dans un vaste bâtiment désaffecté du chantier maritime, qu'il va falloir aménager en théâtre. Mais personne ne rechigne. Nos techniciens sont des professionnels courageux qui acceptent de travailler dans des conditions difficiles. L'aménagement des lieux sera effectué en collaboration avec les techniciens de la compagnie allemande. Pour saisir l'ampleur de la tâche, il faut savoir qu'en pénétrant dans le lieu, on n'y a trouvé que la boîte d'entrée d'électricité.

Hier, un de nos techniciens qui était dans les cintres a failli mourir. Il s'affairait à compléter l'installation d'une des tours d'éclairage lorsque, tout à coup, il a reçu un choc d'un transformateur de 550 volts ! Il s'en est tiré. S'il avait été sur le sol, il aurait sans doute été électrocuté !

Lundi 13 septembre

Le temps est gris, il fait un froid humide. C'est la mer du Nord. À chaque spectateur, on remet à l'entrée une couverture de laine (de l'armée) et un verre de vin chaud – une coutume associée à la fête de Noël.

Hier, première de *Macbeth*. Et quelle première ! Je reverrai toujours Marie qui, peu après le début de la pièce, doit se déplacer nue au second niveau du décor... J'en frissonnais de la voir ainsi se promener dans le froid humide, malgré les énormes souffleuses industrielles d'air chaud installées en coulisse, pour garder les comédiens en forme. Comme j'attendais mon entrée en coulisse, j'avais l'impression d'être rôti d'un côté et congelé de l'autre.

Mais l'histoire finit bien car ce fut un succès ! Ce que confirment les critiques parues ce matin.

Aujourd'hui, je fais le point. Une conclusion inéluctable s'impose à moi : je ne suis plus personne ! Devant cette légèreté soudaine de mon être, je constate jusqu'à quel point mon identité dépend de la perception des autres et de mes habitudes. Je ressens comme une perte, une sorte de désœuvrement, comme si j'allais à la dérive ; et puis, par moments, j'éprouve au contraire un sentiment de libération... (Est-ce que ça va durer longtemps, docteur ?)

Mardi 14 septembre

Dans cette usine transformée en théâtre, deux salles tiennent lieu de loges. Dans celle des « petits garçons », comme j'aime dire, il s'en trouve toujours deux ou trois étendus sur le plancher qui font des exercices d'assouplissement avant le spectacle. Les plus costauds se livrent parfois à une partie de bras de fer – ils tirent du poignet, comme on dit chez nous. Mon ami Tony ne consent à se mesurer en finale qu'avec le plus fort du groupe... qu'il renverse en un rien de temps. Tony est d'un puissant gabarit. Presque tous les jours, il me porte à bout de bras sur une distance de dix à vingt mètres. Il appelle ça le « lancer du Languirand ! » Plus de cent dix kilos sans compter le tutu ! Faut le faire...

Je passe de très bons moments avec Tony. Nous faisons parfois de longues promenades. Il nous arrive aussi de méditer ensemble. Mais dans l'ensemble, je dirais que la tournée le laisse songeur... Manger lui apparaît comme le meilleur moment de la tournée. Le plus souvent, nous mangeons dans des restaurants italiens. La véritable cuisine internationale est italienne : celle qu'on trouve partout et à laquelle en général on peut se fier. Tony est lui-même d'origine italienne. Il baragouine quelque peu la langue. Quand nous entrons ensemble dans un restaurant, lui avec son gabarit, ses cheveux noirs et son grand nez, et moi avec mon chapeau de cow-boy, style *gambler*, et mon grand manteau de cuir noir, nous sommes toujours très bien reçus : comme si nous étions membres de je ne sais quel club international – de pétanque peut-être.

Au cours de cette tournée, nous parvenons difficilement, lui et moi, à trouver notre vitesse de croisière. Ce qui nous paraît tenir en partie au fait qu'aussitôt une pièce est jouée, on doit passer à une autre, puis à une autre. Ce qui se traduit par le sentiment de n'être jamais vraiment dans nos souliers. Nous éprouvons aussi un malaise indéfinissable, une sorte de désœuvrement, comme la sensation de flotter à la dérive. Ce sentiment est-il contagieux ? Je me pose la question, car il nous est arrivé, à quelques reprises, de toucher le fond ensemble. Ce midi, Tony me disait :

— Si on nous demande de partir pour une autre tournée, il faudra nous rappeler que nous n'avons pas tellement aimé ça...

Je n'aime pas me l'avouer. Mais aussitôt ce sentiment négatif exprimé, nous refaisons surface.

Ce n'était peut-être qu'un mauvais moment à passer.

Mercredi 15 septembre

Ce soir, après le spectacle, nous nous sommes retrouvés au Falstaff, la salle-à-manger du théâtre. Ici, les comédiens assurent eux-mêmes à tour de rôle la conception des menus, la préparation des repas et même le service. Je dirais que, dans l'ensemble, c'est plutôt frugal. Autre particularité : les comédiens y mangent gratuitement, privilège non négligeable qu'on a généreusement étendu à notre équipe. C'est donc au Falstaff qu'on se retrouve tous les soirs après le spectacle.

Les rapports entre les deux compagnies sont très bons. J'incline même à penser que certains d'entre nous auraient peut-être noué des relations plus personnelles, pour ne pas dire intimes. Ce qui est assez rare en tournée... Du moins pour la moyenne des ours !

Relativement satisfait de ma performance, je me suis présenté au Falstaff avec mon nez de clown. À un moment, j'aperçois Jules à la table voisine. Il a l'air sombre. Je lui lance de loin, en levant mon bock de bière :

— Alors, ça va ?

Il me répond :

— Je m'ennuie de mon char !

La formule a été accueillie par des éclats de rire. Cette saillie a peut-être permis chez certains de crever l'abcès. On a beau vouloir ignorer l'impression de tourner à vide, elle n'en est pas moins là. L'une téléphone trois ou quatre fois par semaine à son *chum*. En tournée, c'est le téléphone qui lui permet d'entretenir sa vie affective : le mois dernier, le coût de ses appels intercontinentaux s'est élevé à près de huit cents dollars... Tandis qu'un autre ne sait déjà plus ce qu'il en est de sa relation conjugale... Il m'arrive quant à moi de m'ennuyer de ce que j'ai laissé derrière : les êtres, les habitudes, les choses. Je dirais même de m'ennuyer de moi : de ce que je suis habituellement pour les autres et pour moi-même. Et de penser que je ne reviendrai peut-être plus jamais à moi ! Alors, pour simplifier, je dis que je m'ennuie de mon chien...

Je ne sais pas qui a forgé la formule « DSB » pour *Dangerous Sperm Built-up* (« accumulation dangereuse de sperme »). Mais elle traduit bien une des misères de la vie de tournée : l'absence ou presque de rapports affectifs et sexuels. J'observe pourtant que les homosexuels du groupe parviennent plus facilement à canaliser leur libido. Mais pour ce qui est des hétéros, c'est le désert ! Les chasseurs reviennent bredouilles, le fusil sous le bras. Quant aux filles, il n'en dépend que d'elles puisqu'elles sont les biches ! Mais elles semblent plutôt sages...

Un camarade avec qui j'ai abordé cette question m'a dit qu'en sept ans de tournée il ne lui est arrivé qu'une seule fois d'avoir une aventure d'un soir, de celles qui alimentent tant les fantasmes. Alors qu'on pourrait penser que la tournée offre des conditions exceptionnelles de les réaliser ! Ou peut-être ne sommes-nous pas particulièrement doués pour la séduction dans cette compagnie ! Pourtant, un de nos camarades paraît avoir marqué quelques points, à en juger du moins par le va-et-vient dont j'ai eu connaissance dans les couloirs de l'hôtel. Il nous fallait au moins une exception pour sauver l'honneur! Mais notre héros demeure sur ce point d'une grande discrétion. Hier, je lui faisais remarquer – comme ça, en bavardant de choses et d'autres, sans chercher à être allusif – que les gens discrets ont toujours plus de plaisir... Il a souri!

P.-S. : Renseignements pris, la formule «DSB», ce serait Robert qui l'aurait forgée!

Jeudi 16 septembre

Hier, j'ai touché le fond.

Depuis que nous sommes à Brême, nous vivons avec, comme toile de fond, la mer du Nord. Un froid humide nous enveloppe. Les vêtements sont collants. J'allais écrire : gluants. Je me suis éveillé dans un état fiévreux, les muscles endoloris. Et la tête effervescente! Depuis quelques jours, j'ose me demander ce que je suis venu faire dans cette maudite galère.

Demeuré au lit plus tard que d'habitude, j'ai fini par manquer l'heure du petit-déjeuner à la salle à manger. Je me suis donc adressé au gérant pour obtenir un jus d'orange, un café, un peu de pain, deux petits morceaux de fromage. J'ai mangé rapidement sur un coin de table, en m'apitoyant sur mon sort. Je me suis même pris en pitié... J'ai honte de l'avouer! Puis, je suis remonté à ma chambre.

Aujourd'hui, c'est le jour du lavage. Une corvée qui, tout à coup, prend à mes yeux des proportions gigantesques. À Brême, le lavoir se trouve à une demi-heure de l'hôtel. Il faut opérer des machines différentes, à ce qu'on me dit, de celles de Zurich, qui étaient elles-mêmes différentes de celles d'Amsterdam... Je donne un coup de fil à Richard, le gérant de tournée, à qui je dis que je suis fiévreux. Et je lui demande si un des comédiens, parmi ceux qui vont se rendre au lavoir, ne pourrait pas s'occuper aussi de mon lavage.

Une heure plus tard, Richard, qui revient d'une réunion avec un groupe de comédiens qui logent dans un autre hôtel, m'apprend que personne n'a voulu s'occuper de mon lavage. Il s'en est même trouvé un pour dire qu'en tournée, c'est chacun pour soi...

Richard a décidé de s'en occuper lui-même. Mais je sens qu'il le fait à contrecœur et j'en éprouve un certain malaise. De peine et de misère, je me lève pour mettre mes vêtements dans un sac. Et c'est alors que je me rends compte que je n'ai presque rien à faire laver. Devant ce constat pour le moins embarrassant, je ne trouve rien à dire et je lui remets le sac malgré tout. Je le regarde s'éloigner en silence, avec presque rien dans le sac. C'est l'évidence même : je « paranoïe » depuis le matin...

Samedi 18 septembre

Je ne sais pas où j'ai lu que Nietzsche avait écrit en gros caractères à l'arrière de sa porte : « Vivre dangereusement ». À quelqu'un qui lui aurait demandé ce qui l'avait poussé à écrire cette formule à un endroit où il devait forcément la voir plusieurs fois par jour, il aurait répondu : « Ah ! si vous saviez comme j'ai peur de la vie ! »

Demain, départ pour Paris *via*... Amsterdam.

Dimanche 19 septembre

Vol de KLM, Amsterdam – Paris.

Dans moins d'une heure, nous serons à l'aéroport Charles-de-Gaulle. C'est curieux comme les grands de ce monde finissent par devenir une rue, une place, un boulevard. Mais un aéroport, alors là, c'est la gloire !

La plupart des comédiens sont à bord. L'un est demeuré à Brême : pour une affaire de cœur, paraît-il. Ce n'est sûrement pas, en effet, pour le climat ou pour le décor... Quant à l'équipe technique, elle arrive toujours plus tôt à chaque étape. Montage et démontage obligent.

À notre arrivée à Paris, le groupe va s'éclater : certains vont y demeurer ; d'autres ont choisi de retourner au Canada – dont Jules qui s'ennuie de son « char » !... D'autres vont ici et là sur la planète : Éric en Espagne ; Marie à Berlin ; Anne-Marie, ailleurs... Elle est mystérieuse sur son projet. Bref, nous sommes dans ce qu'on appelle entre nous un *trou*, une période de douze jours de relâche.

Pour ma part, j'ai choisi de passer quelques jours à Paris, puis de me rendre dans la région d'Avignon où je vais séjourner quelques jours à l'ashram d'Arnaud Desjardins dont j'ai souvent parlé à l'émission *Par quatre chemins* et qui m'invite fort aimablement.

À Paris, je suis presque chez moi. J'y ai vécu plus de huit ans, dont un premier séjour de quatre ans. Lorsque je me suis embarqué pour l'Europe, à bord d'un cargo, c'était avec l'intention de ne plus jamais revenir au Canada. C'était l'exil volontaire. Je venais d'avoir dix-huit ans.

Pour ce qui est de mon plus récent séjour à Paris, il remonte à 1965! Plus d'un quart de siècle! Et j'y étais venu en passant... par Londres! Le TNM était une des compagnies qui représentaient le Canada dans le cadre du Commonwealth Arts Festival, avec deux pièces : une de Molière, *L'école des femmes*, et une de Languirand, *Klondyke*. Une autre tournée, quoi! À la fin de ce séjour à Londres, profitant – déjà! – d'un trou avant le retour au Canada, j'avais décidé de faire un saut de quelques jours à Paris.

Dès mon arrivée, je m'étais rendu aux Éditions Denoël où mon roman, *Tout compte fait*, avait paru deux ans plus tôt. Je savais qu'une somme quelconque de droits d'auteur me revenait. Très quelconque, me disais-je. Au point que j'avais l'intention de boire tous mes droits d'auteur au cours de ces deux jours et demi! Mais, à ma grande surprise, j'ai touché une somme plus rondelette que je ne l'avais prévu. La pensée m'était venue que si je mettais à exécution mon projet, même avec l'aide de quelques amis, je passerais tout mon séjour en état d'ébriété, pour ne pas dire complètement ivre! C'est pourtant ce que je fis ! Ma bringue avait donc commencé ce matin-là pour se terminer le lendemain soir, vers minuit... alors que j'étais littéralement tombé endormi dans mon lit. Je ne sais pas pourquoi j'avais choisi de m'en remettre au blanc de blanc, mais je pense encore que c'était le bon choix.

À une étape de cette odyssée mémorable – c'était en début de soirée, le premier jour – j'ai rencontré à la brasserie Lipp mon ami Constantin que je n'avais pas revu depuis une vingtaine d'années, qui prenait un verre avec un homme sympathique et fort intéressant. C'était, en effet, le célèbre mythologue Mircea Eliade. Je les avais joyeusement entraînés tous deux sur la voie du blanc de blanc, le temps de vider une bouteille. Après quoi, je m'étais rendu au Théâtre Odéon assister à une pièce de Witold Gombrowicz par la compagnie Barrault-Renaud. J'avais ensuite retrouvé ma femme et quelques amis au Pied de cochon, qui était à l'époque le restaurant le plus populaire des Halles. À l'aube, nous étions allés prendre le digestif... et le café chez une amie.

Quelques heures plus tard, nous décidions, ma femme et moi, de nous rendre à pied de la place de l'Opéra à Saint-Germain-des-Prés où se trouvait notre hôtel. Je précise pour la petite histoire que ma femme, bien que fatiguée par la nuit blanche, avait assez peu consommé d'alcool au moment où nous entreprenions ce difficile périple, à l'heure où les gens sérieux se rendent au travail. Je me souviens vaguement d'avoir failli tomber dans le bassin de la fontaine qui se trouve devant la Comédie-Française. J'ai alors recueilli le commentaire d'un passant qui en disait long : « Oh ! là, là ! c'qu'il est bourré, le mec... »

C'était, je l'ai dit, en 1965. Comment ai-je pu passer vingt-huit ans sans revoir Paris ? On peut toujours s'en remettre au temps pour passer.

Je rédige ces lignes dans la petite chambre d'hôtel où je suis descendu, face à la fenêtre ouverte côté cour. La vue donne sur les derniers étages d'immeubles en face, sur les toits de Paris et sur le ciel... par-dessus les toits !

J'avais demandé à mon ami Charles de me réserver une chambre d'hôtel, dans le Quartier latin, semblable à celles que j'avais occupées à mon premier séjour. Il a exaucé mon vœu à la lettre. Au point toutefois que je ne sais plus si je souhaitais vraiment une évocation aussi réussie. Les mêmes draps de lin gris, rudes et rugueux, la même fenêtre avec son petit rideau de dentelle jauni, les mêmes tentures accrochées à des anneaux de bois, la même grande armoire bancale, la même odeur de renfermé, et surtout – j'y reviens – la même cour intérieure.

L'hôtel où je me trouve est tout de même plus moderne que ceux où j'ai vécu dans ma jeunesse : il y a l'ascenseur. Mais comme par hasard, il ne fonctionne pas... Par ailleurs, ma chambre se trouve au dernier étage, alors qu'autrefois je me retrouvais toujours dans une chambre de l'arrière, au deuxième ou au troisième étage. Le matin, pour savoir le temps qu'il faisait, je devais ouvrir la fenêtre, m'étirer à l'extérieur pour enfin apercevoir le ciel.

Charles Temerson était déjà attaché au Service canadien de la RDF lorsque j'y ai fait mes débuts de chroniqueur et de reporter. En 1949, du lundi au vendredi, le service transmettait sur ondes courtes des chroniques, des reportages, des interviews que Radio-Canada enregistrait pour ensuite les diffuser dans diverses émissions d'informations ou d'affaires publiques. Un des grands poètes de sa génération, Pierre Emmanuel, dirigeait le service. À mon arrivée, il n'a pas caché qu'il me trouvait un peu « vert » ! Et, chaque fois que je devais présenter une chronique, il demandait à la lire avant sa transmission. C'était ma hantise ! Moi qui consacrais parfois deux jours à écrire une chronique d'une durée de deux minutes et demie. Mais chaque fois, Pierre Emmanuel devait la récrire, souvent du début à la fin. Il le faisait en moins de cinq minutes, très peu de temps avant d'entrer en ondes. Et son intervention, je dois dire, n'était guère discrète. Il corrigeait à haute et intelligible voix : « Mais non ! Mais qu'est-ce que vous voulez dire, au juste ? » Il me revient qu'à cette époque je pensais qu'un réactionnaire était un type de révolutionnaire ! « Et cette tournure, mon cher... Ah ! là là... » Une fois, il s'est exclamé : « Il ne faut pas dire "par contre", ce n'est pas joli... Mais "en revanche"... » Un véritable numéro d'acteur qu'il ne manquait jamais de faire devant son public, c'est-à-dire : mes camarades, qui ne se gênaient pas pour rire de bon cœur. À l'exception de Charles qui, lui, se contentait de sourire... Pour tout dire, je me percevais comme le cancre de service. Dur, dur, d'être apprenti.

L'amitié de Charles m'était d'autant plus précieuse. Sans compter qu'il avait aussi une grande expérience de la vie et du métier. Au cours de ces années, nous nous retrouvions, le plus souvent le matin, en face l'un de l'autre, à la même grande table, pour rédiger nos chroniques ou prendre rendez-vous avec les personnalités que nous invitions au micro du Service canadien : Henry de Montherlant, Jean Marais, Marcel Carné... Et tant d'autres que j'ai eu le privilège d'interviewer. Nous avons aussi produit, Charles et moi, plusieurs émissions sur Paris : Montmartre, Saint-Germain-des-Prés, le Paris souterrain, la vie secrète de la tour Eiffel... Au point où nos confrères nous confondaient parfois l'un l'autre à la blague, allant jusqu'à nous appeler « Languisson et Témerlan » !

Quelques années plus tard, Pierre Emmanuel était devenu pour moi un mentor. Il a même été mon témoin à mon mariage.

Et puis un jour, j'en suis venu à penser que je ne voulais pas passer ma vie, pour ainsi dire, au milieu de l'Atlantique, partagé entre la France et le Canada, et n'être nulle part chez moi. Mais pour prendre le virage, du retour, il me fallait une sérieuse motivation. J'ai un jour trouvé dans la machine à écrire du Service un mot de René Lévesque de passage à Paris, qui m'invitait à me joindre à son équipe de reporters pour l'émission *Carrefour*, dont il était un des deux animateurs avec Judith Jasmin, devant aussi prendre l'antenne à la télévision.

Sur le pont du navire qui nous ramenait ma famille et moi, c'est avec les immigrants que j'ai découvert le golfe du Saint-Laurent, le fleuve, la Côte-Nord au loin... Je me sentais comme eux, un immigrant. C'est dans ces conditions que j'ai repris racine. Destin ou libre arbitre ? C'est là la question.

Que de souvenirs remontent en moi. C'est bien ce que je souhaitais en séjournant dans ce genre d'hôtel. Mais je suis submergé. Tenez ! La première année de mon séjour à Paris, j'ai vu plus de deux cents spectacles, à raison de quatre ou cinq par semaine. Et si un spectacle me plaisait tout particulièrement, je notais le moment de l'entracte pour revenir me faufiler et revoir la fin sans payer !

Cette année-là, j'ai dû revoir la fin d'une cinquantaine de spectacles !

Paris-Provence

— Est-ce que vous aimez le jus de carotte, Jacques ?
— Si vous avez un bon whisky, je préférerais...

Paris

Mardi 21 septembre

À mon arrivée, je me suis étonné de retrouver Paris à peu près comme il m'est apparu à l'époque où j'y suis arrivé pour la première fois, il y aura de ça bientôt quarante ans.

Pour moi, je l'ai déjà dit, c'était l'exil volontaire. Mes études avaient été interrompues deux ans plus tôt, comme je venais d'être renvoyé d'une deuxième institution. Dans la période qui a suivi, j'ai tenté de poursuivre mes études tant bien que mal, plutôt mal sans doute puisque je flirtais déjà avec le monde du théâtre. J'ai fréquenté un certain temps le milieu des Compagnons de Saint-Laurent, en même temps que je travaillais pour amasser l'argent de mon billet pour l'Europe – aller seulement. J'ai vendu des abonnements de magazines de porte en porte, ce que je considère comme une excellente formation en communication; j'ai été garçon de table au Club de réforme, sous le prénom de Léo (il y avait déjà un Jacques parmi les garçons); aide-serveur (*bus-boy*) et caissier dans une boîte de nuit, le Savoy Café, rue Saint-Alexandre, où j'ai fait la connaissance de Jacques Normand qui en était alors la vedette et de Charles Aznavour qui venait le retrouver. Presque tous les soirs, ils allaient manger ensemble dans le quartier chinois. En m'embarquant pour l'Europe, quelques mois plus tard, j'avais même une lettre de recommandation de Charles à l'intention d'un de ses amis cinéaste…

Le matin de mon départ, dans le port de Montréal, quelques amis sont venus me faire leurs adieux, parmi lesquels Jacques Létourneau, Guy Hoffman et sa femme, Monique Chentrier, fille de Théo – que je n'avais entrevu qu'une fois ou deux jusque-là, mais qui allait devenir, quelques années plus tard, mon mentor.

Lorsque nous accostons au Havre, après seize jours en mer, il se fait tard. Nous devons donc attendre le lendemain matin pour débarquer. Mais nous ne résistons pas à la tentation, mon compagnon de cabine et moi, de descendre à terre pour faire une promenade. Et c'est là, dans le dédale des rues reconstruites du vieux port, que je rencontre mes premières prostituées françaises. « Tu viens, chéri... Je vais te faire la passe du vieux loup de mer ! » L'accent, l'allure et tout, ça me change de la *Main*! Je me croyais, pour tout dire, dans un film français. *Quai des Brumes* peut-être... Encore un peu, j'aurais croisé Jean Gabin, plus loin là-bas. Tiens ! devant ce petit café !

Le lendemain, c'est le train de la SNCF* pour Paris. Et quelques heures plus tard, la gare Saint-Lazare. À l'extérieur, on me propose un taxi, mais je suis un étudiant désargenté. J'ai pourtant où aller, une adresse : rue Gît-le-Cœur où habite un ami. Je m'adresse à un policier. Il hausse les épaules :

— C'est place Saint-Michel. Prenez le 21, quoi! C'est direct... sur le ton de quelqu'un qui s'étonne que les étrangers ne sachent rien.

Comme je n'ai pas l'air d'avoir compris, il m'indique un autobus au coin de la rue. Aussitôt je pense : billet! À bord du bateau, un des jeunes officiers m'avait appris que, pour le métro, il fallait dire un *ticket* et, pour l'autobus, un *billet*. C'est fou comme il faut tout m'apprendre !

Parvenu place Saint-Michel, je me reconnais. Ou plutôt, la description que m'en a faite François dans ses lettres me revient. Les ponts et surtout Notre-Dame qui est là un peu plus loin. Encore un film. Et puis, la Seine. Cette fois, une chanson : « Elle roule, roule, roule... »

J'oublie le nom de l'hôtel. Mais je n'oublierai jamais l'odeur humide de moisi. Je l'ai dans le nez pour toujours. Et l'escalier, et la chambre numéro 12. Je frappe. François a failli s'évanouir. Je lui avais pourtant juré de le retrouver cette année-là à Paris, place de la Concorde, le 14 juillet. Mais il n'en croyait rien. J'étais même arrivé quelques mois plus tôt !

---

* Société nationale dse chemins de fer français.

Nous allons nous promener boulevard Saint-Michel, puis boulevard Saint-Germain. Comme je suis jeune, je n'ai pas une minute à perdre. Sans oublier que je suis à Paris pour devenir un homme de théâtre. Le soir même, nous allons voir *Les mains sales* de Jean-Paul Sartre au Théâtre Antoine, sur les boulevards (je ne sais plus lequel), à pied. Le calvaire de mes pieds a commencé à Paris !

La nuit venue, après avoir pris un verre à la terrasse du Mabillon, place de l'Odéon pas loin de Saint-Germain-des-Prés, je suis rentré me coucher à mon hôtel. C'était l'Hôtel de la Harpe, rue de la Harpe. J'ai occupé un temps, paraît-il, la chambre où Henry Miller aurait vécu quelques années.

Mercredi 22 septembre

Depuis que je suis à Paris, ma grande occupation est de me promener. Il n'y a pas un endroit dans Paris qui ne me rappelle un incident, une rencontre. Ce matin, le souvenir de mes promenades avec Félix Leclerc m'est revenu. Ah ! ce qu'ils ont marché... ses souliers et les miens !

J'avais connu Félix à Vaudreuil. Nous étions allés lui rendre visite, un groupe de jeunes animateurs de l'Ordre de Bon Temps. Félix nous avait reçus dans son grenier. Je me souviens que l'escalier était à pic et les murs, verts. Nous avions pris place sur des coussins. Après le temps d'un malaise, Félix avait sorti sa guitare. À cette époque, il n'avait pas encore l'habitude de chanter pour un public. Il était très intimidé. Après s'être raclé la gorge, il avait chanté *Le p'tit bonheur*, *Notre sentier*, *Bozo*, et plusieurs autres de ce qui allait devenir ses « classiques ». J'ai revu Félix à quelques reprises par la suite à la maison des Compagnons où il venait à l'occasion. Mais c'est à Paris que je devais vraiment faire sa connaissance. À cette époque, je faisais mes études de théâtre, tant bien que mal, et, pour subsister, je débutais dans le journalisme. Un matin, je me suis donc rendu l'interviewer à l'hôtel où il logeait, à Saint-Germain-des-Prés. Après quoi, je me suis offert à le reconduire – à pied – chez son impresario dont les bureaux se trouvaient rive droite, donc de l'autre côté de la Seine, comme je dus le lui préciser. C'est à la suggestion de M. Canetti, son impresario, que je devais devenir pour un certain temps le cicérone parisien de Félix. Je connaissais déjà assez bien Paris, mais de redécouvrir cette ville magique à travers les yeux de Félix a été une des belles expériences de ma vie. Il avait, comme moi à mon arrivée, l'impression de se promener dans un film français... À ceci près qu'il en était le scénariste! Nous allions d'un décor à l'autre, d'une scène à l'autre, à la rencontre de personnages dont Félix inventait l'histoire.

Au cours de ces longues promenades, lui et moi, nous étions parfaitement complémentaires. Lui, il parlait, et moi, je l'écoutais... Félix était un conteur étonnant. Quand il était en verve – et il l'était pratiquement toujours lorsqu'il avait un public –, il n'y avait plus qu'à l'écouter dans l'émerveillement. Il jonglait avec les mots, les images; il imitait les gens, il mimait les démarches, il jouait les situations. Les métaphores, souvent audacieuses, lui venaient spontanément. Un soir, comme on revenait du Théâtre des Trois Baudets où il se produisait, en découvrant Notre-Dame, Félix me dit : «Regarde-moi ce grand paquebot qui fend la nuit...»

Au début de son premier séjour, la vie parisienne lui faisait un peu peur. Félix avait quelque chose du paysan débarqué en ville, mais il savait en jouer habilement car il n'était pas aussi naïf qu'il pouvait le donner à penser. Et comme on dit dans le monde du spectacle, ce qu'on ne peut cacher, il faut le montrer! Félix jouait son personnage à merveille, il savait retenir l'attention... Bien qu'il éprouvât parfois certaines difficultés d'adaptation. Je me souviens d'une jeune et charmante attachée de presse que notre «homme des bois» avait complètement séduite. Jour après jour, elle cherchait à connaître son emploi du temps afin de le retrouver, comme par hasard, un peu partout dans Paris. Elle devenait de plus en plus pressante, au point que Félix avait fini par me demander : «Est-ce qu'elles sont toutes comme ça, ici?» Je lui avais répondu qu'elles ne l'étaient pas toutes et que celles qui l'étaient à l'occasion ne l'étaient pas forcément avec tout le monde... Mais il a fini par me demander de l'aider à se tirer de cette affaire. En jeune homme sain de corps et d'esprit, j'ai naturellement fait l'impossible ! Qu'est-ce qu'on ne ferait pas pour un ami. Mais hélas ! ce fut en vain...

Un soir, comme je le ramène, une fois de plus, à son hôtel de Saint-Germain, il me confie qu'il s'était fait un ami, un type extraordinaire... Jusque-là, me dit Félix, ils s'étaient croisés, chacun sa guitare sous le bras, sans s'adresser la parole. Et c'est l'autre qui, la veille, avait pris l'initiative de briser la glace. Il avait demandé à Félix s'il était guitariste. Mais Félix n'a jamais eu la prétention de l'être vraiment : il avait donc précisé à son interlocuteur qu'il interprétait ses chansons en s'accompagnant tant bien que mal à la guitare. L'autre, à ce que me rapporte Félix, est un guitariste de jazz qui, le plus simplement du monde, l'invite à prendre un café dans sa chambre. Les deux hommes parlent de choses et d'autres : l'un de ses chansons, l'autre de jazz...Tant et si bien qu'il en vient à enseigner à Félix quelques accords de guitare. Puis, c'est Félix qui lui interprète quelques-unes de ses chansons. Après quoi, l'autre se lance dans quelques solos de jazz. Félix me parle de son nouvel ami avec un enthousiasme débordant ! L'homme, de toute évidence, le fascine et le musicien l'étonne !

C'est à ce moment du récit de Félix que nous arrivons à l'hôtel. Or le hasard fait que son nouvel ami arrive derrière nous. Les deux hommes tombent dans les bras l'un de l'autre. Félix veut me le présenter mais, un peu mal à l'aise, il avoue qu'il a oublié son nom... Heureusement, je le connaissais : c'était Django Reinhardt !

Si seulement le passé n'était pas toujours, comme tout le reste, en train de se transformer. On se représente souvent le passé comme figé, arrêté, coulé dans le béton ; ou comme un enregistrement sur bande vidéo sur lequel on ne peut pas revenir. Pourtant, chaque fois qu'on repasse la bande, le passé n'est plus ce qu'il était. La mémoire est sélective, c'est l'évidence même. Et ses choix dépendent souvent des valeurs du temps présent, et comme le présent se transforme sans cesse, le passé fait de même. Tout ça pour en venir à reconnaître que, comme moi, mon passé a changé : il n'est plus ce qu'il était. Je ne vois plus ni les incidents ni les êtres sous le même jour.

Quelques mois après mon arrivée à Paris – pour revenir à ma jeunesse – l'état de mes finances était devenu tel que je ne prenais plus qu'un repas par jour. Dans l'attente d'un chèque qui n'arrivait pas, j'ai même passé plusieurs jours à peu près sans manger. La concierge, qui chaque matin m'annonçait que je n'avais toujours pas de courrier, finit par se rendre compte de ma détresse. Elle prit donc la liberté de parler de ma situation à deux vieilles dames, l'une française et l'autre d'origine britannique, qui habitaient l'immeuble. Le jour même, sous je ne sais plus quel prétexte, elles m'invitaient à déjeuner chez l'une d'elles le lendemain. L'attente fut longue.

Le lendemain, je me présente à l'heure convenue. L'humiliation d'être sans le sou et de dépendre des autres. L'humiliation et, en même temps, l'apprentissage de la reconnaissance. Du ventre, bien sûr. Ces vieilles dames me regardaient manger avec la plus grande satisfaction, attentives au moindre de mes gestes : à la mastication, à la déglutition... « Prenez donc encore un peu de fromage, mais oui, mais oui... » Je me sentais comme un pauvre à qui on fait la charité. J'en vins même à jouer le personnage avec beaucoup de naturel. Ce qui, à la réflexion, n'est pas sans me troubler. Je gardais la tête penchée au-dessus de mon assiette et lorsqu'il m'arrivait de la relever, c'était pour adresser à mes bienfaitrices un sourire de reconnaissance.

Quelques mois plus tard, j'ai raconté cette expérience à mon ami François. Il avait connu la faim, lui aussi, dans à peu près les mêmes circonstances. Après plusieurs jours de misère, une femme d'âge mûr, attirée par le beau jeune homme de vingt ans qu'il était, l'avait invité à déjeuner. Célibataire ardente et artiste peintre d'un certain renom, elle devait même l'adopter *as a pet!* me dit mon ami. Tous les midis, dans l'espoir de venir à bout de l'état anémique de son jeune protégé, elle lui servait du steak tartare. « Elle me regardait, a ajouté François, avaler les bouchées l'une après l'autre, comme si elle suivait attentivement le processus de la transformation de ces aliments en sperme ! »

Je n'avais pour ma part rien à redouter de l'ardeur de mes vieilles amies, sans compter que, quelques jours plus tard, ô joie! le chèque que j'attendais est enfin arrivé. Et que, quelques semaines plus tard, je décrochais un emploi à la radio. Mais mes vieilles dames d'Asnières n'en ont pas moins continué à m'inviter à déjeuner une ou deux fois la semaine. J'acceptais volontiers leurs invitations mais, en jeune homme bien élevé, j'apportais toujours quelque chose, parfois la baguette de pain, parfois même le fromage, quand mes moyens me le permettaient... À l'occasion d'un de ces déjeuners, mes vieilles amies prirent l'initiative d'inviter aussi une jeune fille tout à fait charmante qui était la nièce de l'une d'elles. Elles avaient décidé, dans leur généreuse indignité, de trouver une solution à un autre de mes problèmes... Ces vieilles dames étaient sûrement, comme disent les cartomanciennes, des dames de cœur.

Ces années de misère relative n'ont pas été sans m'affecter. Au fur et à mesure de mon ascension, toute relative, dans l'échelle socioéconomique – si on me passe la formule –, j'ai attaché de plus en plus d'importance à la nourriture. Comme pour prendre ma revanche. Dans les périodes fastes, j'ai mangé de plus en plus et de plus en plus riche. Et dans les périodes moins fastes, j'entretenais une sourde colère contre le monde entier. Vers la quarantaine, en pleine crise du milieu de la vie, m'étant aventuré dans le labyrinthe de mon inconscient afin d'en éclairer certains aspects, j'ai découvert que je continuais d'éprouver, comme dans ma jeunesse parisienne, la peur de ne pas manger à ma faim. Je comprends la colère des pauvres.

Assis à la terrasse Chez Lipp, à Saint-Germain-des-Prés, devant un demi, j'attends qu'on me trouve une place à l'intérieur pour déjeuner. En attendant, j'ai déjà écrit une dizaine de cartes postales.

De l'autre côté du boulevard Saint-Germain se trouvent les deux célèbres bistrots : Le Café de Flore et Les Deux Magots... Je ne sais plus dans lequel de ces établissements Michel Vitold, qui a été à un moment mon professeur d'art dramatique, m'avait un jour donné rendez-vous. J'étais devenu, entre-temps, animateur et reporter-journaliste à la radio et à la télévision, de même que dramaturge. Nous ne nous étions pas revus depuis plusieurs années. Je lui parle donc de mon théâtre et de ma pièce *Les grands départs* dont un des rôles, celui du père, aurait pu l'intéresser. Et je lui offre un exemplaire de l'édition originale.

— Je vous promets de la lire, me dit-il. Mais comme comédien, qu'est-ce que vous faites ?

— Rien...

— C'est regrettable. Vous aviez un grand talent. Vous auriez pu faire une belle carrière.

Je me rends compte, en écrivant ces lignes, que cette rencontre avec Michel Vitold et les propos qu'il m'a tenus sont pour beaucoup dans ma décision d'accepter la proposition de Robert Lepage.

— Votre talent ne peut pas s'être évanoui. Il est comme en veilleuse...

Et après un court moment d'hésitation, il avait ajouté :

— Si vous décidez de demeurer à Paris, j'ai un rôle pour vous dans *Douze hommes en colère.*

Michel était à l'époque le directeur du Théâtre des Gaietés – Montparnasse.

Poursuivant sa réflexion, il avait dit :

— Et puis, vous allez bientôt atteindre l'âge de votre emploi...

Ce n'était pas la première fois que Michel abordait cette question avec moi. Déjà, quand j'étais son élève, il m'avait expliqué que j'avais une belle carrière de comédien devant moi, mais qu'elle ne commencerait qu'après la quarantaine. Or j'avais vingt ans à l'époque, peut-être moins. Ce que je voyais devant moi, c'était un gouffre d'une vingtaine d'années, peut-être davantage, avant d'atteindre enfin l'âge de mon emploi.

Depuis, je serais même dans le déclin de l'âge de mon emploi...

Jeudi 23 septembre

Je suis allé voir Laurent Terzieff au Théâtre La Bruyère dans *Temps contre temps,* une adaptation française de *Another Time* de Ronald Harwood, qu'il a aussi mise en scène.

Après la représentation, nous sommes allés souper ensemble, Laurent, sa compagne et associée, la comédienne Pascale de Boysson et moi. Un excellent couscous en chaleureuse compagnie.

J'ai connu Laurent il avait seize ans et moi dix-neuf ou vingt. Curieusement, j'ai été l'accident de parcours – l'agent du destin! – qui l'a amené au théâtre... Peu vraisemblable, mais vrai!

J'ai fait sa connaissance au début des années cinquante, à la Lorelei, en Allemagne, sur les bords du Rhin. Un ami, qui était un des organisateurs de cette rencontre de la Jeunesse européenne, me présente un jour un jeune homme. C'est le fils cadet d'une famille de sa connaissance, un jeune homme quelque peu marginal mais très prometteur, m'assure-t-il. Laurent qui est sans doute le plus jeune participant de la rencontre, a du mal à trouver sa place. Et il me demande si je pourrais l'intéresser à mon travail. Autrement dit, l'occuper!

Je connaissais la plupart des animateurs des ateliers en art dramatique qui se trouvaient à la Lorelei; je les avais rencontrés à l'occasion de divers stages en art dramatique que j'avais fait. Je propose donc à Laurent de prendre part à un de ces ateliers, qui porte sur l'expression corporelle. Lorsque nous entrons dans la grande tente, l'atelier est déjà commencé. Je vais discrètement trouver l'animateur et, dès que je peux retenir son attention, je lui présente Terzieff. Il l'invite à s'asseoir dans la salle et à observer le travail des autres.

Sur scène, de jeunes apprentis mimes interprètent des situations que suggère l'animateur. Ils en sont à « la marche contre le vent » – un classique de cette discipline. Il s'agit de marcher sur place – on dirait aujourd'hui à la façon de Michael Jackson – en donnant l'impression qu'un vent adverse souffle très fort.

À un moment, l'animateur se tourne vers Laurent et lui lance : « Vas-y, toi! » Laurent se lève avec quelque réticence. Il a l'allure nonchalante d'un grand chat contrarié. Il monte sur scène. Après être demeuré un moment immobile, il regarde la salle et, lentement, se met à marcher sur place. Bientôt le voici qui donne l'impression d'un vent contraire qui souffle de plus en plus fort. Son corps s'articule et se désarticule, son visage passe par une gamme d'émotions contradictoires. On a vraiment l'impression d'une tempête qui se renouvelle sans cesse et lui avec. L'exercice devient de plus en plus saisissant.

Mon ami et moi, nous sommes littéralement fascinés. Je dirais plus : cloués sur place. Les quelques participants qui se trouvent sur scène se sont arrêtés et regardent Laurent avec étonnement. Dans la salle, pas un mot, pas un bruit. Tout le monde a les yeux rivés sur ce jeune homme qui bouge en silence, sauf pour ce qui est de la respiration qui est différente d'un moment à l'autre, correspondant parfaitement aux états d'esprit qu'il évoque. Il est tout de souplesse et de grâce mais aussi, par moments, d'une grande force, donnant soudain l'impression de se battre contre le vent, puis de céder, de se reprendre, de surmonter la résistance pour céder de nouveau... L'animateur me demande à voix basse :

— Mais où as-tu trouvé ce mec ?

Un moment plus tard, il met fin à l'exercice et s'adresse à Laurent demeuré sur scène. Mais, faute de se trouver en situation, Laurent maintenant a l'air maladroit de ces grands adolescents dégingandés. Il lui pose quelques questions de routine auxquelles Laurent répond timidement. Mais ce qui nous intéresse, mon ami et moi, à vrai dire, ce ne sont pas les réponses par ailleurs évasives... mais sa voix ! Une voix déjà profonde, qui porte sans effort, une articulation et un phrasé impeccables... Pas de doute : tout est là ! On se trouve ici devant un talent exceptionnel qui n'a plus qu'à être orienté. Et avec, en prime, un visage rectangulaire, donc photogénique, une stature imposante, du coffre quoi !

Mon ami annonce une pause pour la classe et, me prenant à part, il me dit :

— Il a toute une carrière devant lui ! C'est même de loin le plus grand talent que j'aie jamais rencontré chez un jeune...

J'étais à la fois ravi et troublé. Ravi comme on l'est devant le talent. Mais en même temps quelque peu troublé... J'éprouvais – comment dire ? – le sentiment peu honorable d'être moi-même diminué par le grand talent de l'autre. Je ne pouvais m'empêcher de penser que ce jeune homme, qui n'était pas encore mon ami mais qui allait le devenir, je le pressentais, avait tellement plus de talent que moi! Il avait même, pour tout dire, le talent que j'aurais aimé avoir...

Du premier coup, à la première tentative, Laurent avait trouvé sa place dans le monde. Une place que personne d'autre que lui ne pouvait occuper. Comme personne d'autre que moi, bien sûr, ne saurait occuper la mienne.

Encore fallait-il, au cours des années, que je la trouve!

Autour de cet excellent couscous, nous nous sommes rappelés quelques souvenirs. Pascale s'est tout à coup souvenue que, pendant une certaine période, nous avions, elle et moi, fréquenté en même temps le cours de Tanya Balachova et de Michel Vitold. C'est que... j'étais alors mince comme un fil!

Je ne sais plus comment nous en sommes venus à parler de techniques d'interprétation et du défaut de certains jeunes comédiens québécois qui ne savent pas « phraser » correctement. Laurent a observé la même tendance chez de jeunes comédiens français. Il recourt, pour décrire cette faiblesse, à une formule qui m'apparaît très juste : « Ils ont du mal à porter le sens au bout de la phrase. »

Voilà ce que serait, en effet, de savoir phraser : porter le sens au bout de la phrase.

Nous avons pris un taxi pour nous rendre à Saint-Germain-des-Prés où nous nous sommes séparés. Je les ai regardés un moment s'éloigner dans la rue du Dragon où ils demeurent. Et je suis lentement rentré à pied à mon hôtel pour laisser un peu se déposer tout ce que cette rencontre avait soulevé en moi.

Avignon

Vendredi 24 septembre

À bord du TGV Paris – Avignon.

Dans quelques heures, je serai à Avignon, puis, à quelques kilomètres de là, à l'ashram d'Arnaud Desjardins.

À Paris, je n'ai revu que quelques-uns de ceux que j'ai connus autrefois : Charles, Laurent, Serge, Constantin, Jean Christophe, rencontrés par hasard à quelques pas du Dupont-Latin ! Mon passé n'est pas encore tout à fait derrière moi. Mais tous les autres, que sont-ils devenus ? Don, l'Américain, fils d'un millionnaire de Los Angeles, qui n'a pas terminé sa médecine et qui a fini par s'établir à Stockholm où il est devenu facteur ; François avec qui j'ai tout partagé, les expériences et le pain, qui s'est établi, lui, quelque part en Irlande... Un autre, en Algérie – qu'est-il devenu ? Un autre, à Londres... la disparition des amis d'autrefois « que sont mes amis devenus ? »

Parmi les femmes que j'ai connues dans ma vingtaine, je n'en ai retrouvé aucune : ni Gisèle, qui a tellement à me pardonner, ni Annick, ni Louise, ni Nadège... Et aucune des autres dont j'ai même oublié le nom !

Depuis la dernière fois que j'ai quitté Paris, il s'est écoulé plus d'un quart de siècle. C'est à se demander, cette fois, si j'y reviendrai jamais...

La Provence est la région de France que je connais le mieux. Au cours de mon premier séjour en Europe, de 1949 à 1953, j'y suis allé trois fois. Pour le théâtre. C'est ainsi que j'ai assisté au deuxième Festival de Théâtre d'Avignon. Le Théâtre national populaire y présentait deux spectacles : *Le Cid* et *Le prince de Hambourg*, avec Gérard Philipe.

Avec le recul, je me demande si mes voyages n'étaient pas aussi commandés, d'une certaine façon, par une recherche d'une autre nature, inconsciente celle-là. Pourquoi ai-je passé cette région au peigne fin, à la recherche de je ne savais trop quoi, m'aventurant toujours un peu plus loin jusqu'à être entraîné dans la région de Toulouse, où j'ai découvert Montségur – le château fort des Cathares ? Comme si j'effectuais un mystérieux pèlerinage, comme si je revenais sur mes pas, comme une relecture d'une autre vie. Quelques années plus tard, je devais découvrir que la pensée gnostique qui fut au cœur de cette civilisation du sud m'était – comment dire ? – familière : plus j'en approfondissais les enseignements, plus j'éprouvais une impression de déjà vu.

J'ai aussi vécu non loin d'ici, de l'autre côté du pont, à Villeneuve-lès-Avignon, une curieuse expérience psychique. Comment savoir ce que valent de telles expériences? Elle m'a pourtant laissé avec la conviction d'avoir un sens.

Entre deux visites de lieux touristiques, comme je disposais d'à peu près une heure avant l'arrivée de l'autocar, je m'étais engagé sur un chemin cantonal au milieu d'un champ de céréales. Je revois les épis qui ondulent dans le vent. Apercevant un peu plus loin dans le champ, parmi de grosses roches, quelques arbres trapus, des oliviers sans doute, je m'étais dirigé vers ce qui m'apparaissait comme un bosquet. Le ciel était d'un bleu pâle d'une grande limpidité. Et la lumière dorée, d'une grande intensité.

Parvenu au bosquet, je m'étais étendu à l'ombre... Mais soudain, à la faveur d'un mouvement, mon visage se trouva inondé de lumière, plus spécialement les yeux. C'est alors que tout a basculé autour de moi et que je suis tombé dans un état de demi-conscience d'une grande sérénité. Je n'avais jamais vécu jusque-là une expérience d'une telle intensité. Bien que je conserve le souvenir d'une expérience de même nature, quand j'étais enfant, sur le bord du lac des Deux Montagnes, mais qui n'avait pas été aussi intense. Toujours est-il que ce jour-là, à Villeneuve-lès-Avignon, je suis demeuré dans un état que je qualifierais d'extatique pendant une dizaine de minutes. Quand j'en suis sorti, je n'aurais pas pu dire au juste ce que j'avais vécu, mais je savais que je devais faire l'effort de ne pas oublier cette expérience, qui menaçait déjà de s'évanouir comme un rêve au réveil. Pendant des années, le souvenir m'en est resté, remontant parfois à la conscience. Et puis, un jour, à l'époque où je me suis éveillé à la dimension psychospirituelle à la suite d'une dépression et d'expériences psychédéliques pleines d'enseignements, j'ai pu donner un sens à cette expérience.

Font d'Isière (près d'Avignon)

Samedi 25 septembre

Je suis à l'ashram d'Arnaud Desjardins où je suis invité à passer quelques jours.

J'ai souvent parlé d'Arnaud, que je considère comme un maître authentique, dans mon émission *Par quatre chemins.*

J'occupe une chambre très agréable, en fait un petit studio, dans une des ailes du bâtiment principal. Depuis mon arrivée, il y a un peu plus de vingt-quatre heures, je prends part aux activités de l'ashram : séances de méditation, périodes d'enseignement, repas en silence.

Ce soir, j'ai été invité à dîner avec Arnaud et sa compagne Véronique. Ils habitent une fort belle maison de pierre à une vingtaine de kilomètres de l'ashram. Une de ces anciennes maisons restaurées comme on n'en trouve qu'en Europe forcément! avec une partie du XVIe siècle, une autre du XIIe siècle... Dans le living-room, à la fois salon et salle à manger, de beaux meubles, rustiques et modernes, qui se côtoient, des fleurs, un mur d'étagères remplis de livres dont plusieurs sur le Canada.

La présence d'Arnaud est rayonnante. Dans mes rapports avec lui, j'ai décidé d'être moi-même. Je ne veux pas ressembler à certains de ces visiteurs que j'ai croisés, qui affichent les signes extérieurs de la démarche spirituelle : l'air compassé, le regard flou comme roulant dans la « graisse de binnes », la bouche en cul de poule... comme certains de ceux et de celles que l'on croisait autrefois dans les institutions religieuses aux planchers bien cirés et aux fougères bien fournies. Il doit pourtant être possible de se recueillir sans donner l'impression d'être en odeur de sainteté.

Nous parlons d'amis communs. Puis Véronique vient nous trouver avec un contenant de jus.

— Est-ce que vous aimez le jus de carotte, Jacques? me demande-t-elle.

Sans me donner le temps de réfléchir, je réponds :

— J'aime beaucoup le jus de carotte, Véronique. Mais si vous aviez un bon whisky, je préférerais...

Je me tourne vers Arnaud qui affiche un large sourire. Véronique se rend à une armoire et en revient avec deux bouteilles de whisky *single malt*. Je vois qu'Arnaud est un connaisseur. Et la conversation s'engage sur les vertus respectives de ces whiskys. Puis sur les vins... Car il est aussi œnophile.

Ce matin, je me proposais de méditer avec le groupe. Je m'attendais d'un moment à l'autre à entendre sonner la cloche. Mais ici, ce n'est pas la coutume. Chacun a la responsabilité de son emploi du temps. Je me suis donc présenté avec quelques minutes de retard pour trouver à la porte un avis interdisant l'accès de la salle aux retardataires. Arnaud est strict sur ce point. Et il a raison.

L'ashram est un atelier. C'est d'ailleurs ce que veut dire ce mot sanscrit. *Ashram*: atelier. Un concept différent des concepts de monastère et d'ermitage.

Dimanche 26 septembre

De retour d'une belle promenade dominicale avec mes hôtes. Cette initiative de leur part m'a beaucoup touché.

J'ouvre les volets. Les cyprès se découpent sur une nuit d'un bleu profond.

Ce matin, avant notre départ de l'ashram, j'ai pris part à la rencontre du dimanche matin, plus informelle, avec Arnaud. Après quoi nous sommes partis en voiture pour Gordes, à une quarantaine de kilomètres d'Avignon, en pique-nique chez Marc de Smedt et sa compagne. Les de Smedt sont de ces Parisiens qui se sont installés en province, dans un cadre villageois, mais qui sont aussi actifs qu'ils le seraient à la ville grâce aux technologies de l'informatique.

Les maisons de Gordes, dites de « pierres séchées », sont étagées sur une falaise qui termine le plateau de Vaucluse et domine une vallée. La vue est superbe. Nos amis ont aménagé leur maison avec goût : la pierre, le verre, le bois. Nous avons parlé d'amitié, d'édition – Véronique et Marc sont tous les deux dans l'édition. Et comme je dois bientôt me rendre à Tokyo, nous avons parlé de l'Asie et du Japon. Arnaud nous a raconté quelques incidents de son périple au Japon, à l'époque où il était encore réalisateur à la télévision française. Ce périple consistait en un tour des monastères zen en compagnie du maître Taïsen Deshimaru qui n'a pas manqué d'étonner parfois ceux qui, autour de lui, associent la spiritualité à une démarche nécessairement apollinienne, ordonnée, introvertie. Deshimaru cheminait plutôt sur la voie dionysienne !

Après ce déjeuner en agréable compagnie, nous avons emprunté une route qui pénètre dans la vallée encaissée et aride de la Sénancole – une rivière – pour nous rendre visiter l'abbaye de Sénanque. En chemin, on voit partout alentour de ces *bories* : de curieuses cabanes de pierres séchées, à un ou deux étages. Des flancs escarpés, des roches grises, de la rocaille avec la végétation trapue du Sud. Et, à ce temps-ci de l'année, les lavandes : le bleu légèrement violacé des lavandes qui ondoient. L'odeur tiède d'épices, légère et un peu sucrée, qui nous enveloppe. Et puis, soudain, au fond de la vallée, on découvre l'abbaye...

Les premiers cisterciens recherchaient des vallées étroites pour l'implantation de leur monastère. Parce qu'il est plus facile d'y trouver l'eau courante, et aussi, à ce qu'il paraît, pour la portée symbolique de l'eau. On trouve sous la plume de Saint-Bernard un jeu de mots fréquent : un rapprochement qu'il suggère entre l'humidité et l'humilité – vertu maîtresse du moine.

Digne-les-Bains

Lundi 27 septembre

Ce matin, j'ai loué une voiture pour me rendre à Digne-les-Bains où se trouve la maison, devenue un musée, d'Alexandra David-Néel. Elle y a vécu à la fin de sa vie. Une grande dame que je considère aussi comme un maître spirituel authentique de notre temps.

Elle avait un fort mauvais caractère – ce qui me rassure un peu. Et traversait fréquemment des périodes de grande neurasthénie et même de doute – ce qui me rassure encore plus. D'une grande excentricité, elle détestait par-dessus tout la médiocrité et refusait de s'identifier à ce qu'elle appelait « ce misérable troupeau d'êtres occupés à se tourmenter les uns les autres et à se torturer eux-mêmes ». Dans ses livres, elle revient souvent sur l'idée que le bouddhisme n'est pas une religion mais une philosophie, une pratique.

Je travaille depuis quelques mois à un projet de série d'émissions pour la télévision sur le thème du héros. Je me propose de consacrer une émission à Alexandra David-Néel. D'où ce pèlerinage. Mais peut-être suis-je aussi entraîné ici pour une raison plus obscure... Quand j'étais élève de syntaxe ou de méthode – je devais avoir alors douze ou treize ans –, un de mes professeurs, qui était aussi mon directeur de conscience, me prêtait à l'occasion des livres de sa bibliothèque. Un jour, ce fut un ouvrage d'Alexandra David-Néel, son plus célèbre : *Voyage d'une Parisienne à Lhassa*. Il y a donc un bon moment que je suis sur cette piste...

Sa maison se trouve à l'entrée de Digne. Toute blanche, à flanc de colline. On en découvre d'abord les terrasses et les petits toits à différents niveaux qui rappellent un peu le lointain Tibet où elle a vécu plusieurs années, au milieu d'un jardin assez peu aménagé. J'aime assez les jardins peu ordonnés. Madame a baptisé sa maison *Samten Dzong*, mots tibétains pour « forteresse de la méditation ».

La pièce qui retient le plus mon attention se trouve à l'étage. C'est la chambre où elle travaillait et où elle dormait – au début sur le plancher et, les dernières années de sa vie, dans un fauteuil. Plusieurs tables sont recouvertes de livres et de dossiers. Devant la chaise se trouve la plus petite de ces tables sur laquelle elle écrivait. Un décor d'une grande simplicité. Je soupçonne qu'il devait régner à l'époque un grand désordre.

Sa vie et son œuvre me sont assez familières pour que les objets qui l'ont entourée aient un certain sens à mes yeux, de même que certains éléments de la maison. L'escalier par exemple, qui est abrupt, me rappelle que, les dernières années de sa vie, elle mettait des heures à le descendre et à le remonter... Elle qui avait traversé l'Himalaya à pied! Cet escalier, c'était devenu la grande aventure de sa vie. Jusqu'au jour où elle a dû renoncer à ce que j'ai appelé pour moi-même « la tragédie de l'escalier » pour demeurer confinée dans sa chambre jusqu'à la fin de sa vie. C'est dans cette chambre exiguë – elle qui avait connu les plus vastes espaces de notre planète – qu'elle a continué d'étudier et d'écrire, comme si elle ne devait jamais s'arrêter. Et c'est là que, au bout de sa vie prodigieuse, elle est morte plus que centenaire.

Je vois mon pèlerinage à Digne-les-Bains comme une des spires de la spirale de ma vie, de mon voyage vers le centre, qui recule au fur et à mesure que j'avance. C'est bien pourquoi on dit que le but du cheminement se trouve dans le cheminement lui-même. Chaque étape fait penser à ce qu'on dit de l'amour et des auberges espagnoles : on n'y trouve toujours, en somme, que ce qu'on y apporte.

Quand je pense que certains familiers ont dit à la blague que j'allais sûrement profiter de mon voyage en Europe pour séjourner quelque temps au bordel de Hambourg! C'est pourtant chez Mme Alexandra David-Néel et à l'ashram d'Arnaud que j'ai abouti! C'est bien pour dire...

Jeudi 30 septembre

À bord du TGV.

Avignon est déjà derrière moi. Dans quelques heures, je serai à Chalon-sur-Saône. Je n'ai pas l'esprit assez clair pour dresser un bilan. Au départ d'Avignon, le décor était plutôt rocailleux, la terre sèche, l'horizon montagneux. Plus on approche de Chalon, au cœur de la Bourgogne, plus la terre est grasse, le paysage valonneux... Les paysages changent vite en France.

Les liens qui m'attachent à la Provence sont curieux sinon un peu mystérieux. Ceux qui m'attachent à la Bourgogne sont différents. J'y ai un ami, Bob Putigny, que je n'ai pas revu depuis plusieurs années et que je vais retrouver avec joie.

Chalon-sur-Saône

Je ne suis pas encore un cadavre : la preuve,
c'est que je ris !

Chalon-sur-Saône

Vendredi 1ᵉʳ octobre

Hôtel Saint-Jean, quai Gambetta.

Je suis arrivé hier dans l'après-midi. J'étais parmi les premiers de la compagnie. Tout le monde devait se rapporter avant minuit.

Ce matin, je me suis rendu la salle à manger pour le petit-déjeuner. C'était comme si nous nous étions donné rendez-vous. Marie arrivée de Berlin dans la nuit ; Anne-Marie, de Los Angeles (!) ; Éric, d'Espagne ; Normand, de Toronto ; Jules, de Québec, et Gérald, de Montréal. J'étais heureux de retrouver tout ce petit monde et d'en être. Cette nouvelle étape de la tournée se présente sous des auspices favorables.

Nous sommes logés dans un hôtel fort agréable. J'occupe une chambre que prolonge un solarium ensoleillé et fourni de plantes et de fleurs. En m'assignant cette chambre, Richard a sans doute tenu compte de ce que ma femme doit me rejoindre dans deux jours.

Samedi 2 octobre

La routine de la tournée a repris son cours : répétition cet après-midi et générale technique ce soir.

Le théâtre où nous jouons fait partie de l'Espace des arts, un centre culturel très actif. Plusieurs des représentations du Cycle Shakespeare auront lieu en matinée à l'intention des étudiants. La plupart auront étudié Shakespeare en classe, pris connaissance des adaptations de Michel Garneau et se seront même familiarisés avec le travail de Robert Lepage. Je ne peux pas m'empêcher de penser que ces pièces n'ont tenu l'affiche à Montréal que pour quelques représentations et qu'il en sera de même à Québec, au retour. Et je me demande : Pourquoi pas à Rimouski, Trois-Rivières, Chicoutimi ?

Lundi 4 octobre

Hier soir, première de *Coriolan*. Cette relâche d'une douzaine de jours m'a été bénéfique. J'étais tout fringant de me retrouver en Ménénius.

Le début de la représentation m'a quelque peu pris au dépourvu. C'était la première fois que nous jouions devant un public de langue française. On a beau penser planétaire, multi-ethnique et tout le tralala, c'est quand même agréable d'être compris dans sa langue. Or il se trouve qu'au début de *Coriolan* Ménénius prend le plancher ! J'ai toujours pensé que cette scène falstaffienne était d'un certain comique. Mais dès la première à Amsterdam, malgré quelques rires discrets de quelques specta-teurs qui comprenaient le français, j'ai su que je devais faire mon deuil des rires que j'escomptais ! C'est l'inconvénient de ces tournées internationales. Mais à Chalon, c'est différent. Le public ne manque pas un mot, je dirais même qu'il a beaucoup de talent.

Mardi 5 octobre

Hier, mon ami Bob est venu me visiter. Nous avons pris le café dans la petite salle à manger de l'hôtel.

Il est devenu un noble vieillard. À plus de quatre-vingts ans, il me paraît pourtant presque aussi vert qu'à l'époque où je l'ai connu à Tahiti, il y a une trentaine d'années. Il était alors correspondant de France-Presse dans le Pacifique Sud. Grand voyageur, Bob a tiré de ses aventures de *globe-trotter* des repor-tages, des photos, des livres. Je le compare parfois au mythique Indiana Jones. Il a aussi la particularité à mes yeux d'être le seul individu que j'aie rencontré dont l'éducation comportait la règle de ne jamais travailler. Un baron Putigny ne doit pas travailler, telle était la règle, en effet, l'ancêtre ayant obtenu de Napoléon non seulement un titre mais aussi des terres. Depuis, de père en fils, on s'occupe, on s'emploie, on se rend utile ou agréable, ou les deux... On donne un sens à sa vie. On peut même s'enrichir, à condition que ce soit en s'amusant ou en spéculant... On peut aussi s'appauvrir. Et dans ce cas, comme me l'expliquait Bob sur le ton de l'évidence : « Eh bien ! on vend des terres pour se renflouer... Et quand il n'en reste plus, on change de vie... »

Mercredi 6 octobre

Hier, jour de relâche, je me suis rendu à Tournus, chez Bob et sa compagne Minnie, à moins d'une heure de Chalon. Chemin faisant, je me disais que j'ai toute ma vie fréquenté des gens plus âgés que moi. À la recherche d'un père peut-être, d'un mentor... Dans la vingtaine, je me proposais même d'écrire un jour un ouvrage qui s'intitulerait « Je cherche un maître... ». Ces années-ci, je compte parmi mes amis quelques octogénaires, dont mon ami Bob, et plusieurs septuagénaires. Ce qui offre l'avantage de les entendre me dire : « À ton âge », comme si tout m'était encore permis !

Six mois par année, pendant la belle saison, Bob et sa compagne vivent en Bourgogne ; le reste de l'année, à Tahiti ou ailleurs dans le vaste monde. Bob a vendu le château de ses ancêtres – à des Québécois de Westmount ! –, mais il a conservé pour son usage personnel la maison de soldats qu'habitaient, comme la formule l'indique, les militaires attachés à la personne et au domaine de son ancêtre. À l'intérieur, on croirait être dans un musée où on trouve des objets, des meubles, des œuvres d'art de différentes époques. Certains ont appartenu à son ancêtre, tels que l'épée d'apparat. Mais la plupart ont été rapportés par Bob de ses voyages : masques africains, tapis chiliens, vaisselle de Chine. On peut aussi voir des photos qu'il a prises autour du monde : au Tibet, au Pôle Sud, au Groenland, en Afrique, en Australie, à Tahiti... À quelques mètres devant moi, au milieu des coussins, trône un gros ourson tibétain qui porte, épinglées sur la poitrine, des décorations militaires que Bob s'est values lors de la dernière Grande Guerre, dont la Légion d'honneur pour bravoure au combat. Bob m'a confié qu'il a vécu la guerre comme un jeu passionnant. Il en parle même comme d'une expérience initiatique :

« L'expérience du combat m'a donné un certain calme que je n'avais pas avant... Oui, je peux dire que j'ai beaucoup aimé la guerre ! Ça m'a valu une attitude devant le danger et en général dans la vie... La vie est un danger perpétuel. Pas nécessairement sur le plan physique, mais un danger pour l'équilibre mental. »

L'autre jour, au téléphone, je lui demande s'il a terminé le livre dans lequel il raconte sa vie d'aventurier. Il me reprend aussitôt :

— Je ne suis pas un aventurier !

Je lui rappelle qu'il a tout de même fait la pêche aux requins. Ce souvenir le fait sourire.

— Les requins de Polynésie sont doux comme les habitants, s'empresse-t-il de préciser. Les Américains recherchaient de l'huile de foie de requin, très riche en vitamine A. On extrayait ça avec des espèces de presses rudimentaires et rustiques. Mais un beau jour, les chercheurs ont réalisé la synthèse du produit en laboratoire et on s'est retrouvé avec nos requins sur les bras ! Mais il y a des expériences qu'il ne faut pas faire durer trop longtemps. Aujourd'hui, j'estime que le destin a été gentil.

Je retiens la formule : « Il y a des expériences qu'il ne faut pas faire durer trop longtemps. » En effet.

Ce soir, *Macbeth*.

Samedi 9 octobre

Il y a trois jours, pendant la représentation de *Macbeth*, j'ai été pris d'un malaise. Mais le mot n'est pas assez fort... C'était plutôt une crise de je ne sais quoi, une attaque d'un mal mystérieux. Et j'ai dû être hospitalisé.

Cet incident s'est produit sur scène, alors que j'interprétais le rôle du roi Duncan. Soudain, j'ai ressenti une douleur très vive, tellement aiguë que j'ai failli m'évanouir. Je me suis alors entendu dire dans ma tête : « Mais qu'est-ce que j'ai ?... » pendant que je cherchais mon souffle pour donner mes répliques. Et que je profitais de celles de Lady Macbeth pour respirer profondément mais en évitant de réveiller la douleur. J'ai fini par me rendre, tant bien que mal, jusqu'à la fin de la scène.

En coulisse, j'ai dit à Marie :

— Je ne me suis pas senti bien... Et encore maintenant...

— J'ai bien vu qu'il se passait quelque chose. Est-ce que tu veux qu'on arrête la représentation ?

J'aurais volontiers répondu « Oui ! » tellement la douleur m'était insupportable... Si seulement j'avais été certain de mourir ! Mais j'ai pensé : si je demande d'arrêter la représentation et que, en fin de compte, je ne meures pas, je vais me couvrir de ridicule ! De n'avoir pas crevé !

Je me suis soumis, dans ma tête, à un interrogatoire en règle. Tout d'abord, est-ce une crise cardiaque ? Car c'est à quoi, bien sûr, j'ai d'abord pensé. Puis, j'ai passé tous les organes en revue... Mais je devais, malgré tout, poursuivre la représentation. Je me suis donc traîné comme j'ai pu jusqu'à la petite loge aménagée à l'arrière-scène pour les changements de costumes rapides et les retouches de maquillage. Car moins de dix minutes après ma sortie de la scène en Duncan, je dois interpréter un personnage très différent, celui du portier dont le maquillage – détail sur lequel je dois insister pour la suite de mon récit ! – est plutôt grossier : la barbe noircie, les joues et le nez rougis de l'ivrogne.

La douleur est omniprésente. Je parviens, tant bien que mal, à la dominer par des respirations abdominales. En attendant mon entrée en scène, je cherche une posture confortable : debout, ça ne va pas ; assis, non plus ; à quatre pattes, pas davantage... Je me répète : « Pourvu que je tienne jusqu'au bout... » Entre-temps, la nouvelle de ma détresse a circulé sur le plateau. Mes camarades me lancent des regards inquiets qui attisent la tempête sous mon crâne ! L'atmosphère est lourde. La perspective de mettre fin abruptement à la représentation plane sur nos têtes. Dans l'état où je suis, la situation me paraît insupportable. Bien que le portier n'ait que deux scènes importantes, il n'en doit pas moins intervenir dans plusieurs courtes scènes jusqu'à la toute fin de la pièce. Chaque sortie de scène et chaque retour sur scène exige de ma part un effort considérable.

Je parviens malgré tout à la fin. Mais la représentation terminée, je suis incapable d'aller saluer. À ma dernière sortie de scène, j'ai éprouvé une incoercible envie de vomir. J'ai vite attrapé en coulisse un des grands bols qu'utilisent les sorcières dans la scène des prophéties faites à Macbeth. (Excusez le détail! Il est permis d'en rire... après!) Mais malgré des efforts considérables, le bol ne recueille qu'un peu de bave et de bible. Richard m'aide à me relever et me soutient jusqu'à la salle de repos des techniciens. Pendant que je retire quelques pièces de mon costume, il appelle l'hôpital. Je me rends au téléphone décrire mon état au médecin de l'urgence. C'est une femme. Elle me pose les questions habituelles. Je lui dis que c'est comme si un poignard me transperçait la poitrine! (Un poignard! l'accessoire parfait dans le contexte de *Macbeth*!) Je me doute bien qu'il s'agit à ses yeux d'une crise cardiaque. Va-t-elle demander mon âge? Je pense: «Ça va être la panique!» Je ne peux pas mentir sur ce point: j'ai soixante-deux ans! Elle me lance aussitôt:

— Surtout ne bougez pas!

L'ambulance arrive quelques minutes plus tard (comme à la télévision!). En moins de temps qu'il n'en faut pour le dire, je me retrouve étendu sur une civière. Je suis bientôt entouré d'une trentaine de personnes et fort mal à l'aise, je dois le dire, de me trouver ainsi exposé. Parmi tout ce joli monde, j'aperçois ma femme, Mme Talbot et son mari. Tout le monde est convaincu qu'il s'agit d'un accident cardiaque et que je suis peut-être à l'article de la mort. Tous les signes extérieurs permettent en effet de le penser. Les représentations mentales, dans ces moments-là, vont bon train. Ma femme devait me confier plus tard que j'avais l'air d'être dans un état de panique. Étendu sur une civière, on a rarement l'air de s'amuser. Le médecin me fait une piqûre pour calmer la douleur. Je trouve l'effet agréable et je demande:

— Est-ce qu'il en reste encore dans la bouteille?

Une de ces plaisanteries qu'on aimerait faire à l'article de la mort, pour la galerie, pour sauver la face. Je pense: «Je crâne! Je crâne!...»

En mon for intérieur, je suis inquiet. La mort ? Bien sûr que j'y pense. Mais pour me dire : « Ce serait trop bête... » et pour ajouter aussitôt : « Merde ! c'est le refus de l'évidence, la première des cinq étapes du processus de la mort décrit par Élisabeth Kübler-Ross ! » C'est peut-être cette constatation qui m'a évité de traverser les autres étapes... Pour ainsi dire – puisque je sais maintenant que je n'étais pas à l'article de la mort ! Pourtant, dans les circonstances, j'en accepte l'éventualité. « Comme exercice... » Et même je l'accepte avec, je dirais, un certain soulagement. Toutes les obligations, les projets, les entreprises : en quelques secondes, tout se trouverait balayé dans ma tête. C'est alors qu'une pensée me vient... Ou plutôt une réflexion sur la mort... La réflexion d'un comédien ! Ce qui m'étonne fort, sur le coup. Je me surprends même à me sourire en dedans. Qu'une réflexion d'un comédien me soit venue m'étonne encore. C'est que j'ai tellement lu d'ouvrages sur la mort, tellement de réflexions, d'opinions, de commentaires... Avec les années, je me suis même familiarisé avec la pensée d'un grand nombre de gourous ! Je peux même affirmer que la mort m'est devenue assez familière. Plus qu'à la moyenne des ours ! C'est fou ce que j'ai entassé sur la sérénité face à la mort... et tout le tralala ! Je ne suis pas à court de citations ! Eh bien ! c'est malgré tout la réflexion d'un acteur qui m'est venue ! Une affaire de contexte sans doute ! Et qui plus est d'un acteur de type « Falstaff », lui aussi, bref de Jackie Gleason ! De qui Orson Welles a déjà dit qu'il était le plus grand comédien américain de son temps.

Alors que Gleason se trouvait sur son lit de mort, un reporter lui a demandé ce qu'il ressentait. Il a d'abord donné le change, bien sûr, avec quelques blagues. Mais comme le reporter insistait pour savoir ce qu'il éprouvait vraiment, Gleason a eu cette réflexion surprenante : *« It will stop all that running... »* (« Ça va mettre fin à toute cette agitation... »)

Alors qu'on me conduit à l'urgence de l'hôpital voisin, c'est dans cette formule que je me refugie. Étendu sur cette civière, je me dis que j'ai eu une vie intéressante, que j'ai relevé plusieurs défis et que peut-être, après tout, je suis arrivé au bout de mon rouleau... À un moment, je m'en remets à la conscience universelle. Du coup, je me retrouve sans grande inquiétude et presque sans regret... Si ce n'est celui, tout de même, de ne pas avoir été vraiment au bout de ma folie ! Quoi qu'il en soit, je n'ai plus qu'à tirer ma révérence... La cloche a sonné ! Je pense : « Cette maudite formule finira par me suivre dans la mort. »

Nous arrivons à l'hôpital : la porte de l'ambulance, la civière, le transport... Un certain trouble peut-être. J'ai soudain une pensée pour les autres : c'est pour eux le début de pas mal d'emmerdements ! Demain, *Macbeth* est à l'affiche en matinée ! Comme j'aimerais dire à mes camarades : « Soyez sans inquiétude, j'y serai comme un seul homme ! » Mais je ne suis sûr de rien. Et même de moins que rien. La douleur me reprend par moments. Une douleur aiguë qui me donne l'impression que je vais étouffer.

On procède rapidement à un électrocardiogramme. Rien ! Le médecin est convaincu que l'appareil a mal fonctionné. On refait l'examen avec un autre appareil. Encore rien ! Ce ne serait donc pas le cœur... On commence alors à spéculer. À regret sans doute, car le cœur, c'était si simple ! Alors, c'est quoi, au juste ? Les reins ? La vessie ? Quelqu'un suggère que je suis peut-être en train de passer une pierre. Qui sait ? « De quoi est mort votre père ? Votre mère ? Vos grands-parents ? » On procède à une radiographie afin de repérer le joyau ! Peine perdue ! D'autant que c'est la nuit et que les spécialistes sont absents. Entre-temps, la douleur s'est apaisée. La suite de l'investigation est remise au lendemain.

On me transporte dans une chambre à deux lits. Je salue le voisin que nous venons de réveiller en pleine nuit, histoire de le rassurer. Je ne suis pas encore un cadavre : la preuve, c'est que je ris ! Mais à peine étendu dans le lit, la douleur revient. Je renonce à jouer les héros. Je retiens mal mes plaintes, mes gémissements. Je demande à être soulagé. La médecine est avare d'antidouleurs. Mon voisin s'énerve. On se décide enfin à me faire une autre piqûre. Je pense : « On graisse toujours la roue qui grince ! » La douleur devient moins percutante et je finis par m'endormir... Mais je m'éveille dix minutes plus tard, incapable de trouver une position confortable. Maintenant que je ne suis plus à l'article de la mort mais simplement malade, je deviens moins serein. Une pensée ajoute à mon stress : si on doit annuler la représentation du lendemain, la compagnie va perdre plusieurs milliers de dollars !

La solution de faire jouer mes scènes par d'autres comédiens est vite apparue la meilleure. Robert, qui a rejoint la compagnie la veille, accepte de jouer les deux scènes du portier ; et Richard, qui n'est jamais monté sur scène, de reprendre le rôle de Duncan. Le lendemain, la représentation a donc lieu. Quant à moi, je dois me soumettre à une batterie de tests. Non, ce n'est pas cardiaque. Ce n'est pas non plus une pierre... Et ce n'est ni le foie, ni la rate, ni... Les radiographies s'entassent, les échographies. On tourne l'impatient sur le ventre puis sur le dos, sur un côté puis sur l'autre... Ce n'est jamais ce qu'on pensait que ça pouvait être cinq minutes plus tôt ! Mon soluté à la main, je parcourt les couloirs d'une aile à l'autre de l'hôpital.

La veille de la première de *La tempête*, dans l'avant-midi, je reçois la visite de Robert et de quelques camarades. Je leur annonce qu'on va bientôt me donner mon congé. Je vais donc pouvoir jouer Prospéro. La nouvelle est accueillie avec un grand soulagement. Pendant cette visite, je décide d'accélérer le processus et j'arrache le sparadrap qui maintient l'aiguille du soluté dans le bras. Le sang se met à pisser sur les draps... Et Robert qui a horreur du sang ! Ce fut de ma part un geste théâtral qui aurait pu mal tourner ! Je me sens tout à fait ridicule... Décidément, cette aventure aura été un long exercice de modestie.

Une heure plus tard, je reçois officiellement mon congé. Je me rends aussitôt à la salle de bains attenante à la chambre pour faire ma toilette. Et pour la première fois depuis mon admission à l'hôpital, je me regarde dans un miroir... Oh ! horreur... Je porte encore les restes de mon maquillage de portier : la barbe et une partie des cheveux noircis, le nez et les joues rougis ! J'ai donc vécu ainsi maquillé pendant presque trois jours sans me douter le moins du monde que j'avais la tête d'un hobo ! Ou pire, d'un exclu !... Le plus étonnant c'est que personne ne s'en est rendu compte... Je pense aux médecins, aux infirmières, à mon compagnon de chambre... Pour le moins étonnant, en effet! Quel type d'individu pouvais-je bien paraître à leurs yeux?

Ma toilette finie, je reviens dans la chambre. En m'apercevant, mon voisin de lit s'écrie : «Quoi! C'est vous, ça?»

Il a l'air ahuri. Or c'est ma tête de tous les jours, ma tête à moi qui l'étonne! Alors que, durant les quelques jours que nous avons passés ensemble, la tête du portier ne l'avait pas étonné... Troublant. Nous avons bien ri tous les deux. Au moment de lui faire mes adieux, il reconnaît que je suis plus sympathique au naturel. Me voilà rassuré.

Dimanche 10 octobre

Ce matin, après le petit-déjeuner, je suis remonté à la chambre m'étendre une bonne heure. Les yeux fermés, j'ai repassé mon texte en visualisant la mise en place, les gestes, et tout, comme dans un demi-sommeil. Comme si je rêvais.

Depuis mon accident de parcours, je me sens encore plus vulnérable. C'est un sentiment que j'associe depuis quelques années déjà à la seconde partie de la vie. Jusqu'à la dépression de ma quarantaine, je pensais être invincible, immortel même. C'est à cette époque que la vulnérabilité s'est pointée. Depuis, elle s'impose de plus en plus, au fur et à mesure que je chemine sur le versant descendant de ma vie. La vulnérabilité, c'est le sentiment de ne pas être maître de sa vie. Jusqu'au moment où tout finira, en effet, par nous échapper. Ou qu'on finira soi-même par échapper à tout!

Lundi 11 octobre

Compte tenu des circonstances, je dirais que les deux dernières représentations de *La tempête* se sont assez bien déroulées. Mais je n'étais pas en grande forme. Mon ami Serge, venu de Paris pour me témoigner son amitié, a pu le constater :

— C'était bien... Et même très bien. Mais, pour moi qui te connais et qui suis du métier, tu étais tout de même un peu à côté de tes souliers!

L'histoire, pourtant, finit bien... La dernière représentation a été suivie d'une rencontre avec des spectateurs, pour la plupart des étudiants et leurs profs. Les commentaires étaient fort pertinents et les questions parfois provocantes. À la fin de l'échange, une jeune étudiante s'adresse à moi. Elle me demande si j'éprouve une émotion particulière à interpréter le « testament de Shakespeare »...

On parle parfois de *La tempête* comme des adieux du Barde au théâtre. Ce que j'éprouve ? Une très grande émotion et un grand respect. Je n'ai pas osé ajouter que je suis d'autant plus ému au moment du monologue final de la pièce que j'ai le sentiment que ce sont aussi mes propres adieux au théâtre :

> *Laissez votre indulgence*
> *me donner ma liberté...*

*Dimanche 31 octobre**

Vol de KLM pour Tokyo.

Ma première impression du Japon, je l'ai eue à l'aéroport d'Amsterdam ! En entrant dans la salle d'embarquement, j'étais déjà ailleurs. Presque tous les passagers étaient orientaux et la plupart, japonais. Nous n'étions que quelques Occidentaux, une véritable immersion. Pas d'éclats de voix, pas d'agitation non plus, une certaine retenue. Et une attention aux autres : on me fait une place sur une banquette. Le moment venu, le défilé au comptoir se déroule sans bousculade. Plus que jamais jusque-là, j'étais l'autre, l'étranger, le *gaïjin* comme on dit en japonais.

Ma deuxième impression, je l'ai dans l'avion où je rédige ces lignes. La plupart des journaux et des magazines sont en japonais. Aussitôt l'interdiction de fumer levée, tout le monde allume. La cabine est bientôt envahie d'un nuage de fumée. À l'heure du repas, les passagers ont le choix entre trois menus : l'oriental me paraît plus appétissant que l'occidental. Quant au

---

* Le saut dans le temps est attribuable à un autre «trou» dans la tournée. J'en ai profité pour rentrer chez moi. J'ai ensuite rejoint la compagnie à Amsterdam.

menu végétarien, il est trop « granoleux » à mon goût. Je regarde avec envie dans l'assiette de mon voisin japonais où j'aperçois quelques curiosités gastronomiques que je tente d'identifier discrètement.

Tokyo

Et alors, vieux fou, à quoi vas-tu employer ta vie
maintenant ?

Tokyo

Mardi 2 novembre

Je n'arrive plus à savoir où j'en suis. Hier, à l'arrivée à Narita, un des aéroports de Tokyo, c'était le matin. Or, le départ de Mirabel pour Amsterdam était prévu pour dix-neuf heures, donc le soir. Mais il a été retardé jusqu'à une heure... du matin. Sept heures plus tard, nous étions à Amsterdam, mais, compte tenu du décalage, c'était l'après-midi. Après quelques heures d'attente, nous avons décollé pour Tokyo. Le vol a duré seize heures. Mais, avec le décalage, c'était encore le matin. La question que je retourne dans ma tête est la suivante : le matin de quel jour ? De la veille ? Mais alors, de la veille de quel jour ? Bref !

Remplir les formalités, retrouver les bagages, les transporter à l'arrêt d'autobus – car pour se rendre de l'aéroport au centre de Tokyo, le taxi coûte 250 $ US... Pendant le trajet, nous parlons peu. Il fait un soleil magnifique. Pour ce qui est de mon niveau de conscience, j'ai l'impression d'être un pot de fleurs qu'on transporte.

Au fur et à mesure qu'on approche de Tokyo, les édifices sont de plus en plus hauts... Mais on n'en finit plus d'approcher de Tokyo. Pendant près d'une heure, nous longeons une succession d'ensembles architecturaux qui pourraient bien être autant de centres-villes. C'est un peu comme si nous allions d'un centre-ville à l'autre.

À l'hôtel Hilton où nous logeons, on se retrouve dans le hall pour une réunion d'information. Richard procède à la distribution de cartes géographiques, de dépliants, d'horaires de répétitions et de représentations et d'une avance de *per diem* ! Les comédiens disposent de trois jours de relâche. La réunion terminée, je monte m'écraser dans ma chambre.

Vers dix-sept heures, un coup de téléphone. Robert est dans le hall. Il nous attend. Une demi-heure plus tard, on est sept ou huit qui l'ont rejoint. Il est accompagné de Philippe, son secrétaire. Depuis une semaine, Robert dirige les répétitions de *Macbeth* et de *La tempête*, mais cette fois en japonais, avec des comédiens dont plusieurs appartiennent à la tradition du *kabuki*. Et comme toujours, il avance dans la vie avec aisance, comme si de rien n'était. Il est venu nous trouver avec le projet louable d'être notre cicérone d'un soir à Tokyo. Il suggère que nous allions d'abord souper dans son quartier – en taxi.

Pour apprécier ce détail, il faut savoir que les chauffeurs de taxi portent presque toujours des gants blancs ; parfois aussi un masque sur la bouche ou sur le nez s'ils ont le rhume ou la grippe. Cette attention paraît faire écho à une valeur capitale au Japon : le respect des autres. Il faut aussi savoir qu'un passager ne doit jamais ouvrir ni fermer lui-même la portière. Le chauffeur le fait de l'intérieur, à l'aide d'un curieux dispositif.

Robert entreprend d'expliquer au chauffeur où il souhaite aller. Entre deux explications, il nous apprend que les chauffeurs de taxi à Tokyo ont la particularité de ne jamais parler anglais ni aucune langue étrangère. Ils se feraient même un point d'honneur de ne s'exprimer qu'en japonais. Et, par surcroît, il est d'autant plus difficile de communiquer la destination souhaitée que la plupart des rues de Tokyo n'ont pas de noms et que les édifices n'ont pas d'adresse. Mais comme les quartiers sont très importants à Tokyo, la première information que l'on doit communiquer au chauffeur en est précisément le nom. Et pour compléter, un point de repère : une station de métro, un édifice connu, un panneau-réclame très visible. C'est ce à quoi Robert s'emploie. Le point de repère du quartier où il habite est un gigantesque panneau-réclame vertical d'un magasin de disques, qui occupe quatre ou cinq étages. Il parvient à se faire comprendre. On finit toujours, paraît-il, par aboutir là où on veut aller... Robert s'adapte à toutes les conditions avec une souplesse qui m'épate.

Après un repas de sushi et de sashimi, on marche une vingtaine de minutes en direction du quartier où se trouve l'hôtel, avant de héler un taxi. Le chauffeur n'arrive pas à saisir le mot « Hilton ». Robert étant demeuré dans son quartier, c'est Marie qui présente au chauffeur un carton d'allumettes de l'hôtel... en japonais. Et voilà !

Par la fenêtre de la chambre où je suis attablé, j'aperçois un édifice à bureaux. Chaque fois que je lève les yeux, c'est cet édifice que je vois. Jusque-là, rien à signaler. Et puis, tout à coup, je vois les employés, à tous les étages, faire des mouvements de gymnastique. Un moment, j'ai cru que j'hallucinais.

Tokyo est à mes yeux le point culminant de la tournée et le début de la fin du voyage. Mais, de peur d'être débordé, je décide de vivre ma vie de touriste avec nonchalance. J'accepte de ne pas tout voir, de ne pas tout comprendre, de ne pas tout enregistrer... Mon travail sur scène est prioritaire.

Mercredi 3 novembre

Hier, un peu avant midi, Normand me donne un coup de fil. Nous décidons de vagabonder ensemble dans Shin-ju-ku, notre quartier. Le centre en est la gare, la plus importante de Tokyo, avec plusieurs lignes de trains et de métros sur plusieurs étages. Trois millions de personnes passent ici chaque jour. Trois millions ! La foule est dense et rapide mais calme. (Comment peut-on dire qu'une foule est à la fois dense et rapide mais calme ? C'est sans doute la dimension zen du Japon.)

À l'entrée principale, à toutes les heures du jour et jusqu'à une heure avancée de la nuit, se tient un moine bouddhiste, le bol du mendiant à la main, parfaitement immobile. Au milieu du va-et-vient ininterrompu, il est comme le moyeu immobile de la Roue des Transformations.

La billetterie des transports est entièrement automatisée. On se procure une carte pour un kilométrage donné. Chaque fois qu'on l'utilise, sa valeur diminue automatiquement. Qui plus est, la carte qu'on introduit à la sortie « sait » à quelle gare on est monté. Système efficace. (« Si tous les généraux avaient été efficaces, où en serions-nous ? » demandait Bertrand Russell.) Partout, des tableaux électroniques – les horaires, les itinéraires.

Nous décidons de nous promener un moment en train. Ou en métro. Il est parfois difficile de faire la différence. Question de distance. Chaque gare a son indicatif sonore. Il est possible, à condition de connaître la « toune », de savoir où on se trouve sans lever les yeux de son journal ou, le plus souvent chez les Japonais, de son *manga* – magazine de BD.

Normand suggère que nous visitions un des grands magasins du quartier. Avec des étages entiers de bars, de restaurants et de salles de jeux, les grands magasins à Tokyo sont de véritables centres de loisirs. Mais le shopping est aussi une activité culturelle importante au Japon : un de ces grands magasins expose même des œuvres de grands maîtres !

Sur le toit, on découvre des jardins et un espace de verdure qui camoufle le système d'aération, où on peut acheter des bonsaïs et diverses plantes. On trouve aussi un petit temple shinto-bouddhique et des bassins où nagent de gros poissons blancs, oranges et rouges. Nous avons passé un long moment à les observer.

Dans une petite rue commerçante, nous faisons la découverte du rituel du *pachinko*. Dans de vastes salles, des centaines de machines à jeu sont alignées. Pour une somme modique, le joueur se procure un panier de billes. Après quoi, il recherche parmi les machines inoccupées celle qui lui paraît la plus « intéressante » : d'après ce qu'on nous explique, la meilleure machine est celle dont les clous ne sont ni trop serrés ni trop écartés, car il s'agit de faire descendre les billes entre ces clous ! Leur point de chute détermine le compte. Vous ne trouvez pas ça passionnant ? C'est affaire de culture ! Cette pluie de billes de métal sur un fond musical plus ou moins rock se déroule tous les jours de dix heures du matin à onze heures du soir dans les quinze mille halls – ou temples – de *pachinko* que compte le Japon.

Jeudi 4 novembre

Cet après-midi, répétition de *Macbeth*. Ce soir, première. J'ai décidé de me rendre très tôt au théâtre. Le Globe Theatre occupe une partie du rez-de-chaussée et la totalité de l'espace souterrain d'un immeuble qui fait partie d'un complexe résidentiel. Pour l'architecture de la scène et de la salle, on s'est inspiré des théâtres élisabéthains. Au cœur de Tokyo, cela ne manque pas d'étonner, d'autant plus qu'on n'y présente, à quelques exceptions près, que des pièces de Shakespeare.

Après le Cycle Shakespeare du Théâtre Repère, se produiront au Globe Theatre une compagnie australienne, puis Robert Lepage, dans son spectacle solo, *Les aiguilles et l'opium*. À la suite de quoi deux productions de la maison : *Macbeth* et *La tempête*, dans des mises en scène de Robert différentes, bien sûr, de celles des mêmes pièces que nous jouons présentement.

J'occupe une loge spacieuse – du moins pour le Japon où l'espace est partout restreint. Une loge trois étoiles ! J'en remercie Richard. Son geste m'assure d'avoir la solitude dont j'ai besoin avant les représentations. Le bavardage dans les loges communes ferait voler en éclats la concentration du plus grand maître zen ! Alors, la mienne...

Pour se rendre sur scène, il faut emprunter un escalier à pic et fort long, qui franchit à peu près l'équivalent de deux étages. Curieux métier qui exige que l'on gravisse les marches du purgatoire tous les soirs. Parfois même, deux fois par jour. Mon ami Jan Doat, homme de théâtre de grand abattage, me disait parfois que, « pour être comédien, il faut avoir tué père et mère dans une vie antérieure »...

Vendredi 5 novembre

Après la représentation, nous nous réunissons presque toujours au pub du Globe qui se trouve dans le même complexe immobilier. Une cuisine simple et bonne : sushi, fruits de mer frits ou grillés... Des prix raisonnables. Nous en sommes provisoirement les piliers ! Sur les murs coquille d'œuf, on peut lire, au crayon-feutre noir, le nom de plusieurs compagnies de théâtre qui sont passées par ici, de même que les titres des pièces qui ont tenu l'affiche à un moment, et les noms d'acteurs venus d'un peu partout dans le monde. Une plaque tournante.

Le pub est aussi le lieu où on peut rencontrer des Japonais abordables! Pour un *gaïjin*, la communication avec les Japonais ne va pas de soi. Ils sont réservés, distants et même peut-être un peu méfiants. À la porte de certains restaurants, surtout ceux qui sont peu chers, une affiche annonce qu'on ne souhaite pas servir les étrangers : *For Japanese only*. Mais il faut dire que les étrangers en groupes, partout dans le monde, ont souvent un comportement déplorable.

Le pub est un lieu convivial où tout le monde fait assez aisément connaissance. La plupart des Japonais qui le fréquentent sont des gens de théâtre ou donnent dans les échanges internationaux. Le plus souvent, on converse en anglais, rarement en français, la plupart du temps par le truchement d'un interprète que l'on « volontarise ».

Hier, j'ai fait la connaissance d'une religieuse québécoise qui est la supérieure d'un collège privé de jeunes filles, quelque part en banlieue de Tokyo. Elle était accompagnée d'une dame, elle-même professeur de français dans cette institution. Depuis une dizaine d'années, cette dame vit à Tokyo avec sa fille de seize ans, qui fréquente un collège japonais et me dit être la seule Occidentale de sa classe. À mon grand étonnement, elle ne se plaint pas de la discipline, qui est rigoureuse au Japon. Elle m'avoue même avoir reçu à l'occasion quelques coups secs de badine de bambou sur les mollets et sans qu'on lui en donne la raison. Car c'est la coutume au Japon : quand on reçoit des coups de badine de bambou sur les mollets, on est censé savoir pourquoi. Elle estime même être devenue japonaise. Et pour m'en convaincre, elle ajoute qu'elle a même appris à dormir debout dans le train, comme la plupart de ceux et celles qui habitent la grande banlieue et qui font le trajet matin et soir. La durée du trajet, précise-t-elle, est d'une heure et demie, soit trois heures par jour! Elle en profite donc pour étudier... et pour dormir. Elle m'assure que même si elle doit rester debout, elle parvient à dormir en se tenant à un poteau de sécurité... La transplantation produit de curieux spécimens!

Samedi 6 novembre

Une des scènes de *Coriolan*, celle du restaurant, fait ma joie à chaque représentation. Après la dernière réplique, nous demeurons un moment figés sur place, le temps qu'on nous plonge dans le noir. Puis, profitant de la transition musicale, heureusement assez dense pour couvrir le bruit des déplacements, les comédiens se rendent en coulisse en emportant chacun un ou deux éléments de décor. C'est ainsi que ça se passait à l'époque de Shakespeare ! Pour ma part, je dois pousser la chaise sur laquelle j'étais assis de même que celle qui se trouve derrière moi, de façon qu'un des techniciens puisse les prendre ; ensuite, toujours dans le noir, je fais les trois pas nécessaires pour saisir à tâtons un des palmiers artificiels dans son pot que j'emporte à mon tour en coulisse où le même technicien, qui a entre-temps déposé les chaises, le saisit et le porte à l'arrière-scène. Un véritable chassé-croisé qui a exigé plusieurs répétitions pour éviter les collisions dans le noir.

Après la représentation, Marie, Robert et moi nous décidons de traverser le quartier Shin-ju-ku à pied jusqu'à la gare. La nuit, dans les quartiers chauds de Tokyo, le décor est féerique.

Je suis fasciné par le mouvement des trains et des métros aériens qui donnent l'impression de passer au travers des édifices pour surgir plus loin derrière un panneau-réclame lumineux avant d'être avalés par un écran géant... Tout cela a quelque chose de fantastique.

Les rues de Shin-ju-ku sont éclairées comme en plein jour par des panneaux-réclames animés. De tous les côtés, c'est le Times Square des affiches lumineuses, des effets d'éclairage. Mais avec un grand nombre de panneaux verticaux que commande l'écriture idéographique. Parfois, les panneaux soulignent en lumière la structure des édifices. Ce sont ces panneaux verticaux et leurs couleurs qui font toute la différence d'avec les villes occidentales. On voit partout des idéogrammes et des symboles, magenta ou cyan, parmi le rouge, le jaune et le bleu, les trois couleurs primaires auxquelles nous sommes plus habitués en Occident, obtenues par la décomposition de la lumière blanche sur un écran de télévision et non par pigmentation. Ce décor de lumière est d'autant plus saisissant pour nous que nous ne percevons de tous ces messages que la forme, le contenant, et très peu le contenu. Au niveau du sol : telle ruelle qui, le jour, m'était apparue assez insignifiante devient magique la nuit, avec ses lumières et ses lanternes. Métaphore magique.

Dans une de ces ruelles se trouvent plusieurs comptoirs-restaurants. Nous prenons place à l'un d'eux. Une petite salade, un bol de riz, un poisson grillé, une bière... 35 $ US. Après avoir pris la commande, le garçon s'est rendu au bout de la ruelle, qui m'a semblé être un cul-de-sac, d'où il est revenu une dizaine de minutes plus tard avec les poissons grillés. Serait-ce que tous les comptoirs partagent la même cuisine ou qu'ils s'approvisionnent chez le même fournisseur ?

Plus tard, je rejoins Anne-Marie près de la gare de Shi-ju-ku. Nous renonçons à attendre le petit bus qui fait la navette, tous les quarts d'heure, entre la gare et l'hôtel Hilton, pour rentrer à pied. Ce qui nous vaut une expérience inattendue.

Sous les arcades d'un édifice voisin de la gare, nous découvrons une cinquantaine de sans-abri... Jusqu'à tout récemment, les autorités de la ville s'employaient à les repousser ailleurs dans l'espoir de faire disparaître ce cancer urbain qui embarrasse les habitants de Tokyo. Les Orientaux n'aiment pas perdre la face. Et les sans-abri, ce n'est pas très bon pour l'image. Pas plus que pour la réalité d'ailleurs. Mais les autorités ont dû se résigner à les laisser camper ici et là, mais seulement dans certains lieux convenus, comme sous ces arcades. Et estimant sans doute qu'il est indigne de laisser dormir des gens à même le sol, on a mis à leur disposition de grandes boîtes de carton rectangulaires. On peut donc voir ces boîtes alignées le long d'un mur, avec un espace où chaque « pensionnaire » peut ranger ses chaussures. Les boîtes font irrésistiblement penser à des cercueils ! Quant aux chaussures, elles sont disposées avec le plus grand soin à une des extrémités de la boîte, côte à côte, la plupart du temps bien astiquées, comme chez les militaires. Ce souci de dignité dans la détresse et d'ordre dans le chaos me laisse quelque peu perplexe.

Dimanche 7 novembre

À propos du public japonais. Je me demande, tout à coup, en quoi le public de Tokyo serait différent. Par une certaine qualité de silence peut-être. Dans ce pays obsédé par les micro-organismes, il est très mal vu de tousser. Différent aussi par certaines réactions à retardement. Mais ici, les Japonais ne sont pas en cause. C'est que la diffusion du texte de Shakespeare en japonais, de chaque côté de la scène, n'est pas toujours bien synchronisée avec l'action sur scène. Le rire se produit parfois alors avec un retard d'une ou deux répliques. Ce qui surprend toujours les comédiens. La mondialisation, quoi !

Lorsqu'on se trouve au Japon, la question des bombardements d'Hiroshima et de Nagasaki et tout ce qu'elle soulève vient à l'esprit. Les Japonais n'aiment pas l'aborder et, à la réflexion, les Occidentaux pas davantage. On éprouve, de part et d'autre, un sentiment de responsabilité, voire de culpabilité. Mais pour des motifs différents.

Robert se propose de concevoir un spectacle inspiré par cette tragédie et la renaissance qui s'est ensuivie. Un voyage qu'il a fait à Hiroshima lui a laissé une profonde impression. Ce spectacle serait diffusé dans le monde, cinquante ans après les bombardements, à l'occasion, précisément du cinquantième anniversaire de cette tragédie.

La question de la responsabilité ou de la culpabilité, avec les bons d'un côté et les méchants de l'autre, ne permet guère d'y voir clair. Nous devons dépasser cette vision duelle de l'histoire. Du point de vue mythique, nous sommes tous les fils et les filles de Caïn. Abel est bel et bien mort assassiné ! Il n'y a plus de bons ! Responsables, les Japonais ? Coupables, les Occidentaux ? Pour l'histoire, Abel est mort. Il n'y a qu'en nous que cette dualité subsiste, en chacun de nous, et c'est là qu'un jour ou l'autre il faudra bien dépasser cette confrontation, si nous devons survivre à la « bombe ».

Ce qui me frappe à Tokyo, c'est d'y trouver surtout... des Japonais ! Même dans les lieux où on s'attendait à rencontrer plus d'étrangers. L'hôtel Hilton, par exemple, où nous sommes descendus, est occupé par moins de cinq p. 100 d'étrangers.

Ce matin, au théâtre de *kabuki*, le public était presque entièrement composé de Japonais. Je m'y suis présenté pour le programme de dix heures, celui de la matinée qui se termine dans l'après-midi vers seize heures. Deux drames et une comédie, comme le veut la tradition. Vers midi, nous disposons d'une heure pour manger dans l'un ou l'autre des nombreux restaurants qui se trouvent à l'intérieur même du théâtre. Quant au spectacle de la soirée, il commence à dix-sept heures pour se terminer vers vingt-trois heures, avec une heure pour le repas. On m'assure que les six théâtres de *kabuki* de Tokyo font salle comble deux fois par jour, l'année durant. Je n'ai compté d'étrangers que six Occidentaux et un couple d'Indiens. Le fauteuil d'orchestre est à 80 $ US; au premier balcon où j'étais, 40 $ US; sur les côtés et à l'arrière où se trouvent des sections réservées aux étudiants, 20 $ US.

Dans l'ensemble, l'expérience du *kabuki* m'a laissé plutôt froid. Le jeu des comédiens me gêne. Les spectateurs attendent que tel comédien fasse tel geste ou telle grimace, que la tradition a transmis, pour l'applaudir. Il faut être né au Japon pour apprécier. À la fin des années cinquante, j'ai vu, à New York, un remarquable spectacle de *kabuki*, conçu pour un auditoire occidental. Je me souviens en particulier d'une pièce en un acte. Dans le plus grand silence, l'unique personnage se faisait hara-kiri selon les règles de l'art. J'ai assisté à ce spectacle en compagnie de mon ami Hubert Aquin, qui est même retourné le voir une seconde fois. Quelques années plus tard, Hubert devait s'enlever la vie. Cette évocation éveille un autre souvenir. Ma pièce *Les violons de l'automne* se termine par cette réplique : « Nous avons vécu intensément. C'était inespéré… » Je suis frappé par cette formule ; c'est à peu près celle à laquelle Hubert a recouru dans le billet qu'il a rédigé avant sa mort volontaire.

Les circonstances ne me permettent pas d'assister à un spectacle de *nô*. On dit plutôt « une journée de *nô* ». Éminemment japonais, ce produit culturel ne peut intéresser que les initiés, à ce qu'on me dit. J'aurais pourtant aimé en faire l'expérience personnelle. Mais j'aurais surtout souhaité me familiariser avec le mouvement des petits théâtres, le *shogekijo undo*: il s'agit d'une dramaturgie moderne et d'avant-garde, qui met l'accent sur la scénographie, à la recherche d'une identité japonaise renouvelée. C'est ce que j'ai retenu des propos d'un comédien japonais l'autre soir, au pub du Globe. Cette dramaturgie crée son propre répertoire, donc essentiellement japonais, mettant fortement l'accent sur l'expression corporelle en réaction au texte.

Hier, dernière de *Macbeth* à Tokyo. Robert, qui ne cache pas qu'il est reçu royalement par la direction du théâtre, venait de recevoir deux chèques de *per diem* et souhaite les partager avec l'équipe. Il a donc invité tout le monde à souper dans un restaurant qu'il considère comme incontournable. Le restaurant où il nous entraîne est fort pittoresque en effet. Le service donne lieu à un échange verbal à peu près ininterrompu du personnel, à la manière d'un chœur antique. Les propos qu'ils échangent, stimulés par les commandes des clients, portent, à ce qu'on me dit, sur divers thèmes gastronomiques, le plus souvent à connotation sexuelle.

Les repas avec Robert sont toujours très animés. Depuis qu'il séjourne au Japon à l'occasion, il s'intéresse tout particulièrement à la langue japonaise et à l'écriture idéographique. Tirant un stylo de sa poche, il trace des signes sur les serviettes de table... Les exemples qu'il donne du sens des idéogrammes associant deux ou trois images – *les kanjis* – sont stimulants pour les neurones. Il s'agit en fait d'idéogrammes composites dont le sens se dégage du rapport entre les éléments qu'ils réunissent. Une femme sous un toit : « le calme, la sécurité ». Pourtant, trois femmes regroupées : « très bruyant ». Un homme à côté d'un arbre : « le repos ». Un homme et une montagne : « un ermite ». Un arbre et des pétales qui pleuvent sur une femme : « un cerisier ».

Robert s'intéresse aussi beaucoup à la prononciation des mots étrangers par les Japonais. Son exposé sur cette question est devenu avec le temps un brillant numéro. Macbeth devient Makobeto ; Mozart devient Mozaruto ; Van Gogh devient

Bangoggu – le V étant prononcé comme un B ; Merry Christmas devient Meri Kurisumasu (à dire vite et même très vite, car plus on le dit vite, plus ça ressemble au mot Christmas !). Pour ce qui est de René Simard, qui a eu son heure de gloire au Japon, la transformation de son nom avec un R qu'il faut mouiller comme un L, un SI qui n'existe pas en japonais, une consonne comme finale, ce qui ne se fait pas, devient – et c'est un des moments forts de l'exposé de Robert – Lene Shimaru... C'est ce qu'on appelle se faire un nom au Japon ! Et si vous en redemandez, vous aurez droit en rappel à : New York qui devient New Yoku, et enfin Montréal, Montoriôru. Un autre moment fort !

Mardi 9 novembre

Après la première de *Coriolan*, on s'est retrouvés, encore une fois, au pub du Globe. Des amis et des connaissances sont venus nous rejoindre. La jeune étudiante québécoise qui poursuit ses études au Japon m'a fait un cadeau inespéré... sous la forme d'un *kanji*. Il se compose de trois idéogrammes qui représentent la main, l'idée de proximité (comme le mot « proche ») et la bouche. Littéralement, on dirait : main-proche-bouche. Mais, ici, la main doit s'entendre dans le sens de faire, agir, et la bouche, dans le sens de parole, discours, opinions exprimées. Autrement dit, d'une personne qui agit en accord avec ses paroles. Et ce *kanji* veut dire quoi ? Il veut dire : sage ! Soit un être qui vit selon les principes qu'il enseigne.

Mercredi 10 novembre

Le jour, le quartier Shin-ju-ku présente une façade très digne, mais la nuit, il devient un lieu d'exutoire : restaurants, salles de jeux, discothèques, bars, clubs, cabarets. Un quartier à deux faces : quand je me rends au théâtre, c'est la face digne ; quand j'en reviens, c'est l'autre...

Sur le chemin du retour, j'ai souvent croisé des hommes et plus rarement des femmes, souvent fort bien vêtues, dans un profond état d'ébriété. La plupart des hommes sont en complet trois pièces ! De toute évidence, il s'agit d'hommes d'affaires ou de chefs d'entreprise. Leur état ne paraît inspirer aucun commentaire. Tout se passe comme entre parenthèses. L'exutoire est capital au Japon. On y compte quelque huit cent cinquante mille établissements liés au boire, au manger et aux plaisirs nocturnes, dont près d'un demi-million de restaurants et de salons de thé et plus de trois cent mille bars, clubs et cabarets. Tout cela contribue à huiler les rouages.

L'un de nous s'est procuré le *Pink Guide to Japan*. Les informations qu'il en a tirées ne paraissent pas traduire la réalité... En outre, on trouve au Japon une surabondance d'informations sexuelles sur le mode de la pornographie *soft* offerte par les télévisions et les *manga* – les BD. Mais partout le système pileux est caché. À la télévision, on le masque par des trucages comme ceux auxquels on recourt pour assurer l'anonymat. Au Japon, les poils sont tabous. Le système pileux fait donc l'objet de grattage, il faut être né ici pour comprendre, c'est culturel.

Depuis peu, les femmes accèdent à une certaine libération qui a commencé, dit-on, avec... le port de la minijupe. Dans la rue, c'est l'uniforme des jeunes femmes : la minijupe noire, parfois en cuir, et les bas de nylon noir. C'est, quant à moi, l'uniforme le plus seyant que je connaisse. Vive la libération de la femme !

Parfois le jour, plus souvent le soir après le théâtre, je regarde un peu la télévision. Cette tournée m'aura permis de constater que, dans le vaste monde, le gros de la télévision se vautre dans la débilité. Ce en quoi la télévision japonaise excelle particulièrement avec des heures et des heures de *dorama* (*drama*) comparables aux *soap-opera* mais en plus romantique.

Je suis frappé par l'extrême jeunesse des femmes qui prennent part à certaines de ces émissions. Elles sont comme des petites filles. Ou elles jouent les petites filles...

Comme dans la vie de tous les jours : les femmes s'expriment souvent d'une voix aiguë, comme des fillettes. J'en viens à penser qu'il existe au Japon une forme de pédophilie à peine voilée. Une Québécoise qui vit au Japon depuis plusieurs années m'explique que cet intérêt pour les jeunes femmes est illustré par un phénomène typiquement japonais, celui des *aidolu* – de l'anglais « idole ». Ce mot magique désigne de jeunes vedettes du show-business, de treize à dix-huit ans, fabriquées par les maisons de production et les médias.

Il y en a deux mille au Japon. Chaque année, trois cents nouvelles étoiles sont propulsées sur le marché. Les maisons de production de disques, de spectacles et d'émissions de télévision organisent des auditions plusieurs fois par an pour découvrir de nouvelles *aidolu*. Cette année, soixante-dix mille jeunes filles ont tenté leur chance auprès de l'une de ces maisons. De ce nombre, cinq seulement ont été retenues et engagées pour être lancées sur le marché de la chanson. Dans cette société surmédiatisée, rien ne se vend sans le concours d'une star.

Hier soir, en arrivant au théâtre, Anne-Marie vient me trouver :

— Es-tu allé à Shibuya ? Il faut absolument que tu y ailles ! À la sortie de la station de métro, il y a la statue d'un chien. Une statue de bronze !

Elle consulte un moment le guide de Tokyo avant de poursuivre :

— Hachiko, c'est le nom du chien... Hachiko, le chien fidèle... Les gens, surtout les amoureux, se donnent souvent rendez-vous à la station de Shibuya et se retrouvent près de la statue d'Hachiko. Un symbole de fidélité !

Là-dessus, elle me raconte l'histoire que voici : Il y a quelques années, un chien, qui ne s'appelait pas encore Hachiko, accompagnait tous les matins son maître jusqu'à la gare. L'homme prenait le train pour se rendre à son travail et le chien s'en retournait seul à la maison. Et tous les soirs, à la même heure, le chien revenait attendre son maître à la station... Mais un soir, hélas ! le maître n'est pas revenu. Il était décédé. Pourtant, durant des années, tous les soirs à la même heure, le chien a continué de venir attendre son maître à la station de Shibuya.

Touchés par la fidélité de ce chien, les usagers de la station ont pris l'habitude de lui apporter à manger. Après quelques années, il était même connu comme « le » chien de Shibuya. Mais un soir, à son tour, il n'est pas revenu. Lui aussi était décédé. Émus par la loyauté de ce chien, des usagers de la station se sont cotisés pour ériger une statue en l'honneur d'Hachiko. Une statue de bronze ! Rien de moins !

Après la représentation, j'ai retrouvé Daniel Meilleur, un des directeurs du Théâtre des Deux Mondes, au pub du Globe. Daniel et moi nous sommes connus à Zurich. Cette fois, il fait un voyage exploratoire : un projet de coproduction avec une compagnie japonaise. Je constate, toujours avec étonnement, jusqu'à quel point plusieurs de nos compagnies de théâtre et de danse ont une activité importante à l'étranger. Nous sommes de surprenants générateurs de produits culturels audacieux ! La La La Human Step, O Vertigo, Carbone 14, les Deux Mondes, le Repère... au point que j'en ferais une règle : les spectacles qui tournent le plus dans le monde sont, la plupart du temps, les plus audacieux. Une règle qui me paraît répondre en particulier aux attentes des organisateurs de festivals. Par ailleurs, nos compagnies semblent rejoindre, toutes proportions gardées, plus de spectateurs à l'étranger que chez nous !

Jeudi 11 novembre

Aujourd'hui, jour de relâche. Dans les trois prochains jours, quatre représentations de *La tempête*.

J'ai consacré l'après-midi à faire des courses en prévision du retour. Je me suis offert un très beau kimono. J'en ai acheté un autre tout aussi beau que je vais offrir à Robert – à qui je dois ma découverte du Japon. Ces kimonos sont noirs, de taille trois-quarts, en soie synthétique, doublés d'une pièce jacquard sur fond cuivré. Curieusement, l'élément décoratif des kimonos se trouve à l'intérieur du vêtement : c'en est, en fait, la doublure. Cet usage signifie sans doute que le plus important se trouve toujours à l'intérieur. Mais j'extrapole... Le motif de mon kimono représente une assemblée de sages (!) dans un décor de bambous ; celui de Robert, le mont Fuji.

À quelques reprises, Robert m'a parlé de monts et de montagnes, qui occupent une grande place, à ce que je comprends, dans le scénario de son premier long métrage, *Le confessionnal*. Il en complète la rédaction ces temps-ci, entre la supervision des représentations du Théâtre Repère et la mise en scène des deux pièces de Shakespeare pour le Globe. Ce matin, il est descendu à la salle à manger pour le petit-déjeuner avec son ordinateur : un *powerbook*. Depuis quelques jours, Robert n'habite pas le petit appartement qu'on a mis à sa disposition dans un autre quartier. Il préfère pratiquer une forme de camping... au Hilton. Il ne souhaite pas la solitude, il est plutôt grégaire et recherche volontiers la compagnie de ses familiers – même quand il doit se concentrer sur son travail, comme si la présence des autres avait pour effet de supprimer le bruit du mental. Robert me paraît changer d'autant plus souvent de décor pour écrire qu'il déteste écrire. Il préfère de beaucoup travailler sur le tas, dans la spontanéité. Écrire un scénario dans lequel il lui faut tout expliquer, tout prévoir, tient pour lui du cauchemar.

Vendredi 12 novembre

Cet après-midi, « générale technique » de *La tempête*. Ce soir, première.

Je suis venu au théâtre à pied depuis la gare. J'étais particulièrement attentif à la réaction que suscite ma présence chez les Japonais. À l'étranger, ce sont les autres qui doivent montrer un esprit de tolérance à mon endroit. Et ce n'est pas toujours évident. Lorsqu'on se trouve dépendant des autres et vulnérable, la tolérance apparaît comme une grande vertu.

Après la première, comme nous étions à peu près tous au pub, un acteur de *kabuki*, qui répète avec Robert, vient me trouver... Il souhaite me communiquer sa réaction. Nous « volontarisons » l'attaché culturel de l'ambassade du Canada à Tokyo, Louis Hamel, qui parle japonais. Cet acteur veut me dire à quel point mon interprétation de Prospéro l'a touché.

Il a été ému, me dit-il, jusqu'aux larmes. Je revois encore son index indiquant le cheminement d'une larme sur sa joue. Il précise avoir particulièrement apprécié la scène muette inventée par Robert au cours de laquelle je transporte huit chaises... Comme il est peu probable que je poursuive une longue carrière de comédien, cette appréciation en marque déjà sans doute le sommet. En revenant à l'hôtel à pied, j'ai dit à Éric :

— Si j'ai tiré les larmes d'un acteur de *kabuki*, je n'ai plus qu'à prendre ma retraite de saltimbanque ! Qu'est-ce que ce métier pourrait bien m'offrir de plus gratifiant ?

Samedi 13 novembre

Aujourd'hui, au bain public que je fréquente à peu près tous les deux jours, je me suis offert un massage *shiatsu*. À un moment, la masseuse travaille avec ses pieds : elle marche sur la colonne vertébrale du client comme un funambule avance en équilibre instable sur son fil.

Dans cet établissement, où parfois on se croirait dans un temple, il n'y a que des femmes qui massent. Mais tout se passe de façon fort pudique, voire même prude, dans une salle commune où une dizaine de clients peuvent se trouver en même temps. À ma première séance de massage ici, je me suis rendu à la table qu'on m'indiquait et, sans plus tarder, j'ai commencé à retirer mon kimono. C'est alors que, tout à coup, le chœur des masseuses qui m'observaient discrètement depuis mon entrée a lancé d'une seule voix : « *NO !* » Presque terrorisé, j'ai suspendu mon geste en jetant autour de moi un œil inquiet. Tous les clients qui étaient allongés sur les tables avaient en effet conservé non seulement le short qu'on met à leur disposition à la sortie des bains, mais aussi le kimono de coton bleu. Car c'est ainsi qu'on reçoit un massage *shiatsu*: en conservant quelques vêtements légers.

J'en suis aujourd'hui à mon troisième massage. La deuxième fois, j'ai été massé par une Chinoise. Elle avait, comme on dit, de la « jasette ». En japonais d'abord, puis en chinois, et enfin, en désespoir de cause, en anglais. Mais son anglais était quelque peu chaotique ; pour tout dire, c'était unique ! J'ai fini par apprendre qu'elles sont cinq masseuses : deux Japonaises, deux Coréennes et une Chinoise. Il me semble qu'il existe entre elles une certaine connivence et peut-être même davantage : une « sororité ». Bien qu'elles soient de trois ethnies différentes, ces femmes me donnent l'impression de n'en être guère soucieuses. Elles appartiennent pourtant à des nations qui ont une longue histoire d'affrontements sanglants. Étendu sur cette table à me faire retourner dans un sens et dans l'autre, je me prends à penser que les difficultés que les femmes éprouvent partout dans le monde se ressemblent beaucoup et ont sûrement pour effet de les rapprocher. Elles ont un destin commun, au-delà des nationalités : comme si une femme, en fait, n'était de nulle part que de la Terre des Femmes.

Demain, en matinée, c'est la dernière représentation de *La tempête* à Tokyo.

J'aime bien le moment où je me maquille devant le miroir. J'ai devant moi la tête d'un homme d'un certain âge. Oserai-je le dire ? D'un homme âgé... « Les miroirs, disait Jean Cocteau, feraient bien de réfléchir davantage. »

Dimanche 14 novembre

Après la dernière, nous avons été reçus avec tous les égards par Louis Hamel et sa femme Yokiko qui est japonaise. Elle est aussi, me dit-elle, une fidèle auditrice de *Par quatre chemins*. Du moins chaque fois que les Hamel séjournent au Canada. En fin de soirée, elle m'offre un présent qui me touche beaucoup : trois magnifiques pommes du Japon, différentes l'une de l'autre, constituant comme un éventail de la pomiculture japonaise. Elle souhaitait évoquer par ce présent mon rituel de la pomme croquée en ondes, le fruit le plus radiophonique. Cette attention de sa part m'a valu de redevenir moi-même pendant quelques minutes. Et je le devais à une Japonaise. Comme c'est curieux...

Maintenant que s'achève cette tournée, je commence à avoir envie de remettre mes souliers.

Lundi 15 novembre

Ce matin, après ces quatre représentations de *La tempête* en trois jours, je suis comme un animal blessé. Je vais garder la chambre une partie de la journée. Mais, malgré la fatigue, ou peut-être plutôt au-delà de la fatigue, j'éprouve une grande satisfaction. Au réveil, j'ai pensé : «Mission accomplie»... Je me sens maintenant comme dans un monde intermédiaire, un *no man's land*, entre le vide et le plein.

Sur le point de quitter le Japon, je me dis que je n'en ai rien vu. Ou si peu. (Un seul d'entre nous, à ma connaissance, s'est aventuré en dehors de Tokyo pour une brève escapade.) Mais je ne regrette rien.

Mon intérêt pour le bouddhisme zen s'est traduit par la visite, en touriste, d'un temple, un seul. J'y ai passé un peu plus d'une heure, avec le sentiment d'être étranger à la perfection du lieu, au rapport harmonieux de l'ombre et de la lumière. J'ai alors tenté de m'accorder avec le décor. Trop sans doute. J'ai donc fini par y renoncer. Par ne plus rien vouloir, rien souhaiter. Et c'est ainsi que, durant quelques minutes, j'ai trouvé une certaine paix.

Après la dernière de *La tempête* à Tokyo, je tournerais volontiers la page. J'ai relevé le défi qu'on m'a lancé et je m'en suis bien tiré. C'est à quoi je pensais, hier, en me démaquillant. Je me suis même entendu me demander : «Et alors, vieux fou, à quoi vas-tu employer ta vie, maintenant?»

> Moi, Prospéro
> un bon matin j'ai décidé
> de déclencher cette tempête dans ma vie
> et de partir en tournée
> de me faire saltimbanque
> afin de remettre en question ma vie
> car il faut, tôt ou tard, en arriver
> à vivre par curiosité.
>
> Et c'est là que je me trouve
> à me demander si je serai poussé à la dérive

par cette tempête que j'ai pourtant provoquée
pour échapper à l'entropie qui menaçait
et me renouveler...

Et je me dis
comme au seul témoin véritable de ma vie :
à suivre...

Mardi 16 novembre

Ce matin, c'est encore une fois le rituel du *rush and wait* –
formule difficilement traduisible en français si on voulait en
conserver la forme lapidaire.

Dans un premier temps : *rush*, se lever en vitesse, se laver,
s'habiller, finir ses valises à la course, se précipiter dans l'ascenseur pour se trouver à l'heure dite dans le hall de l'hôtel. Puis,
dans un second temps : *wait*, attendre jusqu'à ne plus savoir au
juste ce qu'on attend. Presse-toi pour attendre ! – c'est le rituel
capital de la tournée.

À l'aéroport de Narita, plusieurs d'entre nous souffrent d'un
grave excès de bagages ! Heureusement, le préposé est un
Japonais d'un rang assez élevé pour pouvoir prendre des initiatives. Après avoir pesé les bagages de tout le monde, il en
calcule le poids total pour ensuite le diviser par le nombre de
voyageurs que nous sommes et en venir à la conclusion que tout
est parfait ! Autrement dit, les plus lourds profitent des plus
légers. C'est toujours comme ça dans la vie...

À Nottingham, nous n'allons présenter qu'une seule des
trois pièces : *Coriolan*. Je ne vais donc remettre les souliers de
Prospéro que dans deux mois, à Québec. Je suis en vacances de
ce double, aussi encombrant que gratifiant.

La perspective de me trouver bientôt à Londres pour
quelques jours de relâche me réjouit. J'aime beaucoup cette
ville. Je ferme un instant les yeux et c'est comme si j'y étais
déjà. Tiens ! Il pleut, une petite pluie routinière. Qui fait son
petit boulot de pluie.

Londres

Et puis, grand-papa, tu iras voir le shérif
(de Nottingham)?

Londres

Mercredi 17 novembre

Je serais bien demeuré au lit pour récupérer un peu du décalage horaire, mais je ne voulais pas manquer mon premier *breakfast* anglais. Ô joie impériale ! La civilisation de l'Empire sur lequel le soleil ne se couchait jamais, c'est à peu près tout ce qu'il en reste : le *breakfast* et Shakespeare ! Après m'être restauré, je suis retourné à ma chambre. Nous habitons un hôtel modeste, en périphérie de Londres, à Hammersmith. J'ai mis un peu d'ordre dans mes affaires et mes papiers, puis je me suis allongé pour regarder la télévision. Mais je n'ai pas pu résister au sommeil.

Au réveil, à peu près une heure plus tard, j'ai décidé d'aller en ville. Londres n'a pas changé, pour ce qui est du moins des lieux. Quant aux gens, eux, ils ont beaucoup changé ! Ce n'est plus le même paysage humain. À Tokyo, ce qui m'a beaucoup frappé, ce fut de voir autant de Japonais ; à Londres, c'est au contraire de voir autant d'étrangers, le visage basané et portant des vêtements des anciennes colonies !

Mes jeunes camarades ont pour ainsi dire transformé l'hôtel en hôpital pour convalescents. Ils se remettent de Tokyo où la plupart se sont éclatés jusqu'à l'épuisement.

Jeudi 18 novembre

Ce matin, au petit-déjeuner, j'ai découvert dans la section des spectacles du *Times* que Diana Rigg joue le rôle-titre dans la Médée d'euripide, à l'affiche au Wyndham's Theatre : un des rôles féminins les plus exigeants du répertoire.

L'adaptation de la pièce est à la fois respectueuse d'Euripide et des spectateurs de notre époque. Les dialogues ont fait l'objet d'un montage : tout ce qui, dans le texte original, se rapporte à des usages qui n'ont plus aucun sens pour nous a été supprimé.

Diana Rigg n'est pas des deux premières scènes. Mais dès la troisième, on l'entend qui hurle de la coulisse : « *The pain of misery! A world of trouble is falling on me! I want to die!* » À mes oreilles, le texte d'Euripide, dans le contexte de Londres, résonne comme du Shakespeare ! Ce doit être l'effet du *smog*. Et la voici qui fait son entrée. Depuis la série télévisée *Chapeau melon et bottes de cuir*, j'ai tellement vieilli que, sur le coup, j'ai eu du mal à reconnaître la très séduisante Emma Peel. Pourtant, Diana Rigg est toujours très belle et d'une force sur scène que je ne lui soupçonnais pas.

Je suis revenu à l'hôtel avec l'impression d'avoir vécu intensément.

Vendredi 19 novembre

En fin de journée, je prends le train pour me rendre en banlieue de Londres, au Greenwich Theatre, où on joue *La tragique histoire du docteur Faust* de Christopher Marlowe.

Le temps est gris et il pleut. Sorti de la gare, je suis plongé dans un décor qui évoque l'atmosphère de *Jack l'Éventreur*. Et je me réjouis de n'être pas son genre de victime ! Je demande à un passant où se trouve le théâtre, il me dirige vers la rue principale où je constate que la plupart des établissements de commerce sont fermés. J'ai une faim de loup – dans le contexte, je dirais plutôt de loup-garou ! Je ne vois aucun établissement qui m'attire. L'asphalte mouillé réfléchit la lumière des lampadaires. Au fur et à mesure que je m'enfonce dans la direction du théâtre, l'endroit devient de plus en plus désert.

De toute évidence, c'est un guet-apens ! Nous serons moins de vingt spectateurs dans un méchant petit théâtre d'avant-garde, incapables d'en sortir avant la fin. Et je sais, hors de tout doute, que le spectacle va m'ennuyer à périr. C'est d'un pas résigné que je m'engage dans une petite rue transversale où je découvre enfin la marquise du Greenwich Theatre. Avec ses ampoules faiblardes d'un ancien cinéma, elle semble être une bien modeste marquise... C'est tout de même mieux qu'un entrepôt transformé en théâtre !

J'entre. Je prends mon billet et je m'avance dans un long couloir pour, tout à coup, déboucher dans un hall magnifique, bien éclairé, qui s'élève sur trois étages. Quelques centaines de personnes d'une grande élégance s'affairent autour de quatre comptoirs de bouffe et de deux bars. Je tombe en pleine fête, au milieu d'une foule d'abonnés arrivés une heure plus tôt pour manger et prendre un verre entre amis. L'atmosphère est électrique. Je reste un moment sous le choc. Mais mon estomac me ramène à la réalité. Je m'approche de l'un des buffets qui me tend pour ainsi dire les bras !

Environ une demi-heure plus tard, les spectateurs prennent place dans la salle qui est bientôt pleine à craquer. Je comprends qu'il s'agit d'une des nombreuses soirées d'abonnés de ce théâtre. Un feuillet glissé dans le programme m'apprend que ce théâtre dépend en grande partie du soutien que lui apporte le public de Greenwich, ne recevant qu'une aide minime de l'État. La Grande-Bretagne serait, selon moi, le lieu de théâtre et de spectacle le plus vivant sur la planète. Les petits et moyens théâtres de création et de répertoire y représentent le fondement des arts d'interprétation. Le Greenwich Theatre, par exemple, est ouvert toute l'année et propose à son public une pièce par mois. De ces théâtres, on en trouve encore un peu partout, en Grande-Bretagne, jusqu'à date du moins. Le secret d'une telle vitalité réside dans l'existence d'un véritable public et non pas de la publicité dans les médias. Plutôt que de bâtir des salles et des mythes, je me dis qu'il faut bâtir un public, informé, éduqué et même engagé. C'est la confirmation de ce que je savais déjà et la leçon que je vais rapporter de mon séjour ici.

La tragique histoire du docteur Faust de Christopher Marlowe est un *thriller* élisabéthain. La mise en scène exploite avec bonheur l'absurde et le fantastique de cette pièce qui passe de la comédie à la tragédie la plus sombre. Faust finira dévoré par les flammes après une terrifiante agonie. Mais l'esprit qui domine dans l'ensemble de ce spectacle est celui de la comédie.

Je ne m'étais pas trompé. Jack l'Éventreur rôdait bien alentour.

Samedi 20 novembre

Fort de mon expérience de Greenwich, je pousse cette fois jusqu'à Richmond, dans le comté du Surrey, à plus d'une heure de train de Londres. À l'affiche, une production époustouflante, à ce qu'on dit, de la pièce de Shakespeare *Les deux gentils-hommes de Vérone* par la Royal Shakespeare Company.

Le metteur en scène, David Thaker, a eu la brillante idée de situer cette pièce dans les années trente. Sur scène, un orchestre interprète des airs de cette époque, dont l'inoubliable *Night and Day* de Cole Porter. Le décor représente un jardin en demi-cercle autour de l'orchestre avec, de chaque côté, une tonnelle d'où arrivent les personnages, la plupart du temps vêtus de blanc, la raquette de tennis à la main ou sur l'épaule. Genre.

Le Theatre à Richmond est ce qu'on appelle une bon-bonnière, avec sa scène à l'italienne, son rideau rouge, son manteau d'Arlequin coquille d'œuf et or, ses deux balcons et ses loges à colonnades de style rococo. Il peut accueillir près de deux mille personnes. Le tout dans un «état comme neuf»! Ce n'est pas ici une maison de théâtre destinée à abriter une compagnie permanente ou à produire des spectacles. Mais plutôt un de ces théâtres comme il en existe des centaines en Grande-Bretagne, où sont présentés de grands spectacles de tournée.

Jamais la dramaturgie n'a été aussi productive qu'à notre époque. Je pense à tous les textes écrits pour les médias : les téléthéâtres, les séries télévisées, les *sitcom*, les docu-théâtres et, pour le cinéma, les scénarios et les dialogues... S'il est vrai qu'un grand nombre de ces œuvres peuvent être considérées comme des navets, il demeure que certaines d'entre elles sont conçues, écrites, mises en scène ou réalisées avec une grande maîtrise. Cette production dramaturgique débordante témoigne de la créativité d'une époque qui est, malgré tout le mal qu'on en dit, la plus productive de l'histoire de l'humanité.

Le théâtre doit proposer des œuvres différentes de celles qui sont conçues pour les autres médias. L'une des causes de la défection du public de théâtre serait, selon moi, que le théâtre «théâtral» est passablement rare et qu'on ne fait pas encore assez de place à la création. Je ne vois pas très bien pourquoi on irait voir au théâtre ce qu'on peut voir aussi bien, parfois mieux, à la télévision ou au cinéma. Il reste, bien sûr, la présence des acteurs ou des interprètes en général et l'expérience collective. Mais il n'empêche, à mon sens, que le théâtre aujourd'hui doit se redéfinir.

Dimanche 21 novembre

Je quitte Londres pour Nottingham à regret. Comme un soldat retourne sur la ligne de feu après quelques jours de permission. À bord du train, je découvre un peu de la campagne anglaise. Rien à signaler. Ce doit être ça le bonheur, ou plutôt l'état de non-malheur des bouddhistes – formule plus lucide et donc plus sage. Je vais avec le temps qui m'entraîne.

Je ferme un moment les yeux et, en les rouvrant, j'éprouve comme une impression d'irréalité. Rien de mental, ni de psychédélique... Je ne pense pas non plus être schizophrène ! J'éprouve simplement l'impression d'être détaché de la vie. De la regarder couler entre les rives du temps. «Je est un Autre», disait Rimbaud... Et de vivre dans un décor. Une grande paix m'habite, comme je n'en ai pas ressenti depuis longtemps, depuis le début de cette tournée peut-être. Si ce n'est quelques minutes dans ce temple bouddhiste à Tokyo. À un moment, j'ai même retrouvé la capacité de revenir au centre immobile de la Roue des Transformations. Avec le sentiment que tout est parfait.

Mais comment décrire le sentiment d'être ? Les mots ont plus de contours que les idées. Ils ne permettent pas de saisir l'insaisissable, l'intangible, l'ineffable...

Encore quelques minutes et je commence à perdre le fil de cet état. Il m'échappe. À la prochaine ! La paix, l'état de non-malheur, ne se laisse pas facilement apprivoiser. Quand on le cherche avec entêtement, il fuit. Il ne se manifeste, à vrai dire, que de lui-même.

Mercredi 24 novembre

J'apprends que si nous ne jouons à Nottingham qu'une seule des pièces du Cycle Shakespeare, *Coriolan*, c'est que cette pièce a marqué les débuts du Nottingham Playhouse, il y a maintenant trente ans. Notre passage à Nottingham est donc associé à cet anniversaire.

J'apprends aussi que c'est Tyrone Guthrie, un des grands noms du théâtre britannique pendant une longue période, qui a signé la mise en scène de cette pièce à l'époque. Pendant quelques années, Guthrie a aussi passé les mois d'été à mettre en scène des pièces de Shakespeare dans une petite ville canadienne de l'Ontario, qui avait la particularité de s'appeler Stratford !

Hier, on nous a remis quelques souvenirs qui soulignent cet anniversaire, dont un t-shirt. C'est le deuxième de la tournée. Le premier nous a été offert à Brême. Au cours de cette tournée, nous avons participé au Festival d'été d'Amsterdam, au Festival de théâtre de Zurich, au Festival Shakespeare de Brême et maintenant au trentième anniversaire du Nottingham Playhouse. Notre entreprise est associée à la fête. Quoi de plus réjouissant !

À la première, plusieurs personnalités du monde du théâtre de Grande-Bretagne, de même que les critiques des grands journaux de Londres se trouvaient dans la salle. Au cours de la réception qui a suivi, j'ai fait la connaissance de quelques anciens coéquipiers de Guthrie. L'un d'eux m'a rappelé que c'est à la suite de la création du Festival Shakespeare de Stratford, en Ontario, que l'initiative a été prise en Grande-Bretagne de redéfinir la vocation du *theatre* de Stratford-on-Avon et de créer un autre théâtre élisabéthain, à Chichester, autant d'institutions qui, regroupées avec de nouvelles, allaient devenir le Royal National Theatre.

Ces théâtres – auxquels s'ajoutent un autre théâtre élisabéthain créé vers la même époque à Minneapolis, aux États-Unis, de même que les théâtres du Lincoln Center de New York – forment depuis un véritable réseau. C'est ainsi que Jean Gascon, qui était à une époque le directeur artistique du Festival Shakespeare de Stratford, en Ontario, a aussi signé des mises en scène à Chichester, en Grande-Bretagne. J'étais d'autant plus touché que l'on évoquât devant moi la mémoire de Jean que j'ai eu le privilège de travailler avec lui pendant plusieurs années au TNM. Pour tout dire, je reconnais beaucoup de sa ferveur, de son charme et de sa créativité chez Robert Lepage.

J'ai aussi fait la connaissance du président du Royal Court Theatre de Londres. Il faisait déjà partie de la direction de ce théâtre lorsque ma pièce *Les grands départs* y a été présentée à la fin des années cinquante. Il me dit se souvenir de la création de ma pièce. Ce n'est pas sans mérite de sa part. Le Royal Court a été pendant plus d'un quart de siècle un haut lieu de la dramaturgie en Grande-Bretagne : un véritable théâtre d'auteurs qui avait pour vocation de faire connaître ou reconnaître des auteurs nouveaux ou méconnus... Et accessoirement, des metteurs en scène. J'ai retrouvé depuis ces auteurs au théâtre, bien sûr, mais aussi au cinéma, jusqu'à Hollywood, dans le monde du spectacle en général et à la télévision. Le Royal Court a été pendant plusieurs années l'équivalent d'un club-école de hockey !

N'est-il pas étonnant qu'à l'occasion du trentième anniversaire d'un théâtre de répertoire en Grande-Bretagne ce soit une jeune compagnie du Québec qui prenne l'affiche avec une pièce de Shakespeare... en français ! Le mérite en revient évidemment à Robert Lepage qui jouit d'une solide réputation en Grande-Bretagne.

Jeudi 25 novembre

Cet après-midi, j'étais l'invité d'une émission régionale de la BBC. Bien que j'aie enseigné plus de douze ans en anglais à l'Université McGill, je suis loin de m'exprimer parfaitement dans la langue de Shakespeare. Quand je dois prendre la parole en anglais, j'éprouve toujours une certaine frustration. J'ai l'impression de fonctionner à rabais.

Mon intervieweur, lui, s'étonne qu'on joue le Barde... en français. Pour les Britanniques, et plus généralement les anglophones, la langue est l'essence même de Shakespeare. Il est certain que sa poésie occupe une place majeure dans la littérature, au point d'ailleurs que la qualité même de la langue de Shakespeare pose un grand problème de traduction. Mais la langue n'est pas tout. Il y a aussi les situations, les personnages, les contenus, les structures, les dialogues. Et l'arrière-plan psycho-socio-philosophique. Tous les aspects de la théâtralité de l'œuvre shakespearienne sont accessibles dans toutes les langues !

J'ai aussi parlé de Robert Lepage, de l'admiration que sa grande créativité m'inspire, de son audace et de la liberté qu'il prend avec les œuvres de Shakespeare. Et j'ajoute qu'il n'y a pas de doute dans mon esprit que le grand Will lui-même, à la veille du IIIe millénaire, prendrait les mêmes libertés. La sensibilité des spectateurs n'est plus celle de l'époque élisabéthaine. Robert procède par ellipses, par contractions, par collages, d'une façon qui correspond à la sensibilité d'aujourd'hui.

Vendredi 26 novembre

Avant mon départ, Alexis, mon petit-fils de six ans, m'a fait promettre de me rendre dans la forêt de Sherwood ! Qui se trouve à proximité de Nottingham. Ce détail m'avait échappé.

— Tu sais, grand-papa, Robin des Bois !

Je n'avais pas fait le rapprochement. Ignare que je suis !

— Et puis, grand-papa, tu iras voir le shérif !

J'ai donc promis de me rendre dans la forêt, mais pour ce qui est de rencontrer le shérif, je suis demeuré évasif. Moi, les shérifs...

Il me fut d'autant plus facile de tenir parole qu'il existe à Nottingham, on s'en doute, une véritable industrie du mythe de Robin Hood. Et parmi les activités proposées, bien sûr, un tour organisé dans la célèbre forêt de Sherwood ! Qui n'est plus hélas ! que l'ombre de ce qu'elle était à l'époque, ou de ce qu'on peut imaginer qu'elle fut ! Il n'en reste aujourd'hui qu'un modeste boisé de fardoches. Le diamètre des arbres ne dépasse pas trois centimètres. Au milieu de ce simulacre de boisé, un seul arbre peut encore évoquer la forêt légendaire : un chêne d'un âge vénérable dont les branches inférieures sont soutenues par des béquilles. Aussi imposant que majestueux, cet arbre fait penser – irrésistiblement – à un bonsaï... géant ! Ce grand chêne sur ses béquilles est l'objet même de la promenade. À condition d'oublier que, malgré son grand âge, il ne devait être qu'un gland – et encore ! – à l'époque où Robin Hood fréquentait les lieux. À supposer qu'il les ait fréquentés.

C'est à croire que cette forêt a fait l'objet, à un moment, d'une coupe à blanc, à quelques arbres près. Mais le grand chêne qui prend la vedette a échappé au massacre. Ce qui est heureux pour l'industrie du tourisme de Nottingham, qui a conçu ce tour. Mais dans l'ensemble, je dirais que cette visite exige beaucoup de l'imaginaire des promeneurs !

Non loin de cet arbre, au milieu des fardoches, s'élève une boutique ! Avec tout ce qu'il faut pour alimenter chez mon petit-fils la « tripative » légende de Robin des Bois et le consoler de la grisaille de l'école !

Samedi 27 novembre

Je suis attablé au pub – un autre, oui ! – rattaché comme il se doit au Nottingham Playhouse. La plupart des critiques de *Coriolan* ont paru. Dans celle du *Financial Times*, je viens de lire la phrase suivante : *«Jacques Languirand's outstanding Menenius.»* Qu'est-ce que je pourrais bien espérer de plus ? Je n'ai qu'à faire agrandir cette critique, l'encadrer, l'accrocher au mur et prendre ma retraite ! Pendant la réception qui a suivi la première, j'ai été salué chaleureusement par plusieurs personnes du métier. C'est ma fête ! Je me suis donc permis de mettre mon nez de clown. Ça ne coûte pas cher et ça permet de garder l'enfant intérieur éveillé ! Curieux métier que l'on exerce en avançant toujours sur les deux rails que sont l'humilité et la vanité !

J'achève ma bière. Quelques camarades se joignent à moi pour une bouffe rapide.

À un moment, je me retrouve seul avec Normand. Il a l'air pensif. La conversation porte sur la tournée. Il y a maintenant sept ans qu'il tourne entre six et dix mois par année un peu partout dans le monde.

— Je suis fatigué de la vie d'hôtel, me dit-il. On n'est jamais dans ses choses, quand on rentre le soir... D'ailleurs, on ne rentre pas tout de suite après le spectacle, on va au bar, au pub, quelque part ! Se fatiguer ailleurs, avant de rentrer à l'hôtel pour dormir. Il n'y a rien à faire à l'hôtel. La vie d'hôtel, à la longue, c'est lourd.

Normand me paraît pourtant être l'un de ceux qui s'adaptent le mieux à la vie itinérante.

— C'est vrai que j'ai longtemps aimé ça. Pendant sept ans, je dirais que c'était plutôt agréable. C'est juste que... Mon mariage s'est brisé. Pas vraiment à cause des tournées. Mais je suppose que d'être absent pendant des mois, chaque année, n'a pas aidé. Et maintenant, je suis seul depuis deux ans. C'est très difficile, en tournée, de faire des rencontres, d'établir des relations durables, puisque tu es toujours sur le point de partir ailleurs. Les relations sont provisoires... Et de retour chez soi, elles le sont tout autant. Ça revient à dire qu'il est pratiquement impossible d'avoir une vie affective quand on passe plus de la moitié de l'année sur les routes.

La mémoire est sélective : en fin de compte, personne n'aura vécu la même tournée. Il n'y a de commun entre nous que de nous être trouvés quelque part en même temps et de nous être déplacés ensemble d'un lieu à l'autre. Tout se passe comme si, en définitive, les événements renvoyaient à chacun sa propre image.

Dimanche 28 novembre

Après la dernière à Nottingham, nous nous réunissons dans un restaurant que j'aurais bien aimé connaître plus tôt. Michael Morris, l'agent de Robert pour la Grande-Bretagne, est avec nous. À notre première rencontre, Michael m'avait demandé comment j'en étais venu à me joindre à la compagnie.

— Robert m'a fait une offre que je n'ai pas pu refuser !

Et Michael de répliquer :

— Est-ce que nous n'en sommes pas tous là ?

Robert a le don de trouver aisément ses alliés naturels. Cette qualité est plus rare qu'on ne le croit.

À un moment, comme la conversation dans le groupe va dans tous les sens, Michael s'adresse à moi plus personnellement pour me demander si je pense que Robert est conscient de projeter sur moi l'image de son père, décédé il y a quelques mois. Après un temps d'hésitation je lui réponds :

— À vrai dire, j'en doute... En revanche, je peux dire que, moi, j'en suis conscient...

Il a souri. Un peu plus tard, il me parle de sa thèse universitaire sur Shakespeare et des méthodes de travail du Barde. Il me rappelle que Shakespeare était aussi comédien et metteur en scène – un homme de théâtre complet. Il n'hésitait pas à faire appel aux comédiens pour compléter le texte ou, par exemple, fournir un monologue comique*. De la façon qu'il m'en parle, il me rend Shakespeare très familier.

Michael Morris est aux antipodes de l'idée qu'on se fait de l'agent d'artistes et du producteur de spectacles. C'est un homme d'entreprise, indéniablement, mais c'est également un homme d'une grande culture, et le métier d'agent et de producteur représentait l'aboutissement naturel d'une formation qu'il s'est d'abord donnée.

Plus tard dans la soirée, il me confie qu'à son avis Robert doit se garder du temps pour retourner chez lui travailler avec son équipe à la conception et à la réalisation de ses spectacles de création collective. C'est à cette méthode que l'on doit *La trilogie des dragons* et *Les plaques tectoniques*. Michael estime que c'est ce genre de travail qui permet à Robert de se renouveler et de se ressourcer. D'après Michael, s'il ne se consacrait qu'à sa

---

* Gaston Baty soutient à peu près la même thèse dans son essai *Visage de Shakespeare*.

carrière internationale de metteur en scène, en quelques années Robert serait brûlé. Quant à moi, je peux témoigner que sur ce point Michael est parfaitement cohérent puisque, depuis les débuts de Robert ou presque, il le soutient dans la plupart de ses entreprises de création.

Un peu après minuit, quelqu'un a rappelé que le départ de l'autocar était prévu au petit matin, à six heures précises. Richard aurait même donné au chauffeur des directives formelles : même si à l'heure convenue il manque un ou des passagers, il doit partir sans attendre. Ce qui revenait à dire que ceux qui ont déjà fait leurs valises devaient se lever vers cinq heures et les autres, qui ont négligé de les faire, vers quatre heures et demie. C'était mon cas.

Au petit matin, devant l'hôtel, l'autocar pour Heatrow, un des aéroports de Londres, nous attend. Très « petit matin », en effet. C'est même encore la nuit. Nous sommes peu loquaces. Pour la plupart vêtus de noir comme à l'arrivée à Amsterdam, au début de cette tournée, je nous trouve encore l'air de réfugiés en détresse. À l'intérieur de l'autocar, comme nous en avons pour quelques heures, chacun se fait une niche pour dormir.

Cette fois, c'est la bonne. La tournée à l'étranger est terminée. Je rentre chez moi. Je m'en réjouis. Je ne regrette pas de m'être lancé dans cette aventure, mais je suis content qu'elle s'achève. Vers la fin de *La tempête*, Prospéro dit :

demain nous rentrons chez nous

Et j'ajoute quant à moi :

car le temps de l'exil
à la périphérie des choses
et des êtres
est maintenant révolu.
Nous rentrons chez nous
et je reviens à moi
le même et pourtant différent
ayant vaincu mes ennemis

provisoirement car on ne vainc toujours
ses ennemis intérieurs : la peur, le doute et tout le reste
que provisoirement.

Je reviens de l'exil,
de la tempête à la périphérie de moi,
avec l'attention plus aiguisée
et l'œil plus ouvert à capter l'aspect lumineux
des choses et des êtres...
Avec une capacité plus grande
de m'abandonner à ce qui est...

De mon exil,
j'aurai bientôt oublié les mauvais moments
que la tempête emporte déjà avec elle
au loin dans l'oubli...
pour ne plus me souvenir
que de mon réveil sur cette plage
ce matin-là où je suis revenu à moi.

Demain, nous rentrons chez nous.

Le retour

Montréal
Deus ex machina

Montréal

Lundi 29 novembre

Nous sommes rentrés hier. Au réveil, une réflexion de Jean Cocteau (cité de mémoire!) : «Dans les voyages, l'âme met quinze jours à rejoindre le corps.» Un sentiment de décalage que j'ai éprouvé tout au long de cette tournée. Le fait d'être rarement centré, malgré le plaisir de découvrir l'inattendu et même l'inespéré.

Ce matin, je me suis levé tôt, poussé par la volonté de reprendre pied dans ma vie le plus rapidement possible : de revenir à moi. Je redécouvre la maison, allant d'une pièce à l'autre, vêtu de mon kimono tout neuf que je suis parvenu à tirer de ma valise. Je le trouve un peu serré. Le gabarit japonais, même «grande taille», ne me va pas... J'erre, à la recherche de... – de quoi au juste? De mon âme peut-être, pour revenir à la réflexion de Cocteau. Mais je reconnais par ailleurs le sentiment dépressif, d'incomplétude qui, chez moi, suit toujours un grand effort, un défi relevé ou même une victoire. Quelque chose comme le *post-partum blues* des femmes qui viennent d'accoucher. Le rapprochement n'est peut-être pas sans fondement.

Couché sur son tapis dans le living, mon chien m'a regardé me diriger vers lui, il a soulevé la tête et m'a salué d'un grand coup de queue. Hier, à mon arrivée, il est venu me trouver avec effort. Il en arrache. Je lui ai parlé doucement. Après quoi, il s'est assis au pied de l'escalier et il a hurlé comme un loup, le museau pointé vers le ciel. Une dizaine de longues plaintes jusqu'au bout du souffle. C'est là, au pied de l'escalier, que pendant mon absence, très souvent le soir, à ce qu'on me dit, il hurlait. Et pendant longtemps, trop longtemps, je n'étais pas là pour lui répondre. Hier, j'ai répondu à son appel. Chaque fois que je hurlais, il donnait un grand coup de queue et partait à son tour d'un autre hurlement. Le plus douloureux avec les animaux domestiques, c'est de ne pouvoir leur expliquer les bonnes raisons de nos absences. Sauf peut-être avec les poissons rouges !

Horus a maintenant une tête de vieux chien. Il marche avec difficulté. J'aurai beaucoup de mal à le convaincre, ce soir, de me suivre à l'étage supérieur où habituellement nous dormons ensemble, chez le bouddha.

Dans le décor de la maison, ce sont les plantes que j'ai le plus de plaisir à retrouver. C'est tellement dans la nature des plantes d'être ici et maintenant. Et le bouddha, bien sûr, à sa place habituelle : dans son cubicule de bois de bambou, entouré de plantes.

Impassible comme toujours, le bouddha. Comme l'essieu immobile de la roue. Car pour lui – c'est l'évidence –, il ne s'est rien passé. D'ailleurs, au fond, il ne se passe jamais rien.

Lundi 6 décembre

Ce midi, j'ai invité Robert Lepage et ses plus proches collaborateurs à luncher au Faculty Club de l'Université McGill, dont je suis membre. L'atmosphère est agréable, l'endroit, un peu rétro avec ses grands fauteuils de cuir, ses riches vitraux, ses plafonds hauts. Un lieu agréable dans un style architectural du tournant du siècle.

Nous prenons d'abord l'apéritif dans le grand salon du rez-de-chaussée, devant l'âtre où se consument lentement quelques grosses bûches. Après quoi, nous montons à la salle à manger où les vitraux sur trois côtés sont tout à fait remarquables.

Au moment du café, la réunion d'affaires commence. Il s'agit d'arrêter l'horaire de Robert et d'amorcer une stratégie pour les années à venir. Sont présents : Jean-Pierre, le gérant de Robert pour ses affaires personnelles ; Michel, l'administrateur du Théâtre Repère : il va bientôt occuper le même poste dans la compagnie de production que Robert se propose de créer et il sera aussi l'administrateur du centre expérimental que Robert a l'intention de loger dans l'ancienne caserne de pompiers offerte, à cette fin, par la Ville de Québec ; et Philippe qui est, comme on dit en parlant du collaborateur le plus près d'un ministre, le secrétaire à l'agenda, de même que l'assistant à la mise en scène. Voilà pour ce qui est de la distribution. Et pour le même prix, moi ! – une fois encore, la cerise sur le sundae !

La réunion est pleine de surprises. Les offres faites à Robert pour les années à venir sont étalées devant nous. Il s'agit de l'aider à choisir parmi ces offres et à organiser son emploi du temps en fonction de ces choix et de tout ce qu'il se propose de faire en plus, à Québec. Devant un tel volume d'activités, je pense à ce mot que Balzac aurait eu à propos de lui-même : « Il ne suffit pas d'être un homme, il faut être un système. »

Je recueille autour de cette table de surprenantes remarques. C'est ainsi que Robert décide de ne pas retenir l'offre de la Scala de Milan : « L'atmosphère de travail, paraît-il, n'est pas agréable, ces années-ci ! » La décision d'écarter l'offre de mettre en scène un opéra à la Scala n'est pas banale en soi. Évoquer comme raison l'atmosphère de travail l'est encore moins ! Il a aussi été question de Stockholm, de Paris, de Tokyo, de Londres, et j'en passe. Si quelqu'un s'était trouvé sous la table pour ramasser ce qui en tombait, il aurait pu se tailler, avec les restes, une très belle carrière de metteur en scène international !

Parvenir à un équilibre heureux entre la carrière internationale de Robert et ses projets personnels de création à Québec constitue la dimension la plus exigeante de l'exercice. Ce travail de création assure la survie du noyau de ses collaborateurs et de la compagnie de tournée, et permet par ailleurs à Robert de se ressourcer. Il demeure qu'il est parfois difficile de refuser certaines offres prestigieuses... Je ne m'étais pas imaginé qu'on pouvait se retrouver face à de tels dilemmes : Londres oui, à moins que Paris... Ou Tokyo peut-être !

La méthode de travail de ces jeunes m'a paru singulière et pour le moins différente de celle à laquelle je suis habitué, jusqu'ici du moins. Car j'ai décidé de l'adopter ! J'apprends, de plus en plus, des jeunes... Chacun a son *powerbook* ouvert devant lui. En matière d'ordinateur personnel, c'est ce qui se fait de plus portable. C'est un peu comme si ces jeunes gens transportaient leur bureau avec eux. J'ai observé la même méthode chez Michel Lemieux et Victor Pilon avec qui il m'arrive aussi de collaborer. À un moment, Philippe s'isole pour amorcer un projet d'horaire. Quinze minutes plus tard, il en fait une copie sur disquette. Robert l'enregistre dans son ordinateur d'où il tire à son tour je ne sais quel document dont il fait une copie sur la disquette de transfert qu'il refile à Michel. La disquette passe de l'un à l'autre. L'information circule presque instantanément. Avec cette génération, je suis décidément entré dans une ère nouvelle.

Mercredi 8 décembre

C'était hier, toute la journée, la première rencontre, à Montréal, des comédiens associés au projet de création collective qu'on appelle entre nous *Hiroshima*. Nous nous sommes rejoints à l'atelier du clown Omer Veilleux. Après une heure de retrouvailles et de bavardage, Robert nous expose les grandes lignes de son projet. C'est la première fois, précise-t-il, qu'il entreprend un projet de création collective avec une structure et une thématique. Il parle d'un spectacle composé de sept tableaux, qu'il appelle « boîtes », dont chacun correspond à un pays ou à une ville : Chine, New York, Hiroshima... ; de même qu'à un événement ou à un courant culturel : de la nouvelle vague du cinéma à l'explosion de la bombe, en passant par l'univers concentrationnaire, etc. Nous sommes devant un vaste projet de fresque, une véritable mosaïque, dont chaque élément est autonome, complet en soi et traité comme tel à l'étape des improvisations, jusqu'à ce que certains liens, à une autre étape, s'imposent d'eux-mêmes, ou presque.

Cette méthode évoque un grand jeu. Je pense à Marshall McLuhan qui dirait que la créativité s'exerce mieux dans des conditions qui rappellent le jeu.

J'ai consacré plusieurs années à me familiariser avec les mystérieux mécanismes de la créativité, plus spécialement à l'époque où j'étais professeur en communication à l'Université McGill. Nous avons même, quelques professeurs et un groupe d'étudiants, mené une recherche qui portait sur les moyens d'améliorer le fonctionnement de l'hémisphère droit du cerveau – intuitif, global – par opposition à l'hémisphère gauche – logique, linéaire. En principe, je devrais être assez ouvert à une méthode qui fait peu appel à la logique. Mais comment vais-je m'adapter à une démarche collective ? Comment mon ego d'auteur va-t-il le prendre ?

À chacun ses conditionnements.

Québec

Samedi 11 décembre

Ce matin, on s'est réunis au «shoe-claque», une petite usine désaffectée et transformée pour un temps en atelier pour le projet *Hiroshima*. Chacun est arrivé avec de quoi stimuler la créativité : des livres sur la Seconde Guerre mondiale et le camp de concentration de Terezin en Tchécoslovaquie où des artistes juifs furent emprisonnés avant d'être acheminés vers l'un ou l'autre des grands camps d'extermination, d'autres sur la nouvelle vague du cinéma en France et le milieu artistique de New York au début des années cinquante... Ces différents thèmes correspondent à l'une ou l'autre des « boîtes » du spectacle.

Je retrouve avec plaisir un peu de l'atmosphère des matins de répétition : les tasses de café, les croissants, les fruits (frais et secs), les bouteilles d'eau... Nous parlons de choses et d'autres en attendant Robert. Une demi-heure plus tard, il arrive avec ses valises – de Stockholm. Plus exactement d'un séjour à Tokyo, suivi d'une escale d'une journée à Stockholm. Comme toujours, il agit avec le plus grand naturel, comme si tout le monde aboutissait dans une salle de répétitions en débarquant de Stockholm !

La journée se déroule, comme c'est souvent le cas avec Robert, à la fois dans l'ordre et dans le désordre, à la fois créative et chaotique. Vers dix-sept heures, fin de l'exercice. Pour lui, il est six heures plus tard. Je ne sais plus qui a suggéré d'aller prendre un verre ensemble.

— Si ça ne vous fait rien, répond Robert, je vais d'abord rentrer défaire mes valises. Il y a plus de deux mois que je n'ai pas été chez moi !

Quelques-uns, dont moi, l'accompagnent. Je lui offre une bouteille de scotch *single malt* de grande qualité à l'occasion de nos retrouvailles et de son anniversaire, demain. Il ouvre aussitôt la bouteille, qui circule à la ronde. C'est avec un sentiment ambivalent – que j'hésite à exprimer sans pour autant cesser de l'éprouver – que j'observe se vider cette excellente bouteille.

Robert entreprend d'ouvrir ses valises. Une question me vient à l'esprit : A-t-il apporté le kimono que je lui ai offert à Tokyo ? J'ai choisi ce kimono avec tellement de soin ; j'étais si fier d'en avoir trouvé un dont la doublure en soie représente le mont Fuji. Tout le monde a le nez fourré, pour ainsi dire, dans les valises de Robert. Elles ne contiennent à peu près pas de vêtements. Il en sort surtout des livres et quelques gadgets : un de ces gadgets permet de faire disparaître une pièce de monnaie ; un autre donne l'illusion de réaliser le mouvement perpétuel grâce à une tige activée par un mécanisme lui-même activé par un aimant que stimule la proximité de la tige... Ces jeux fascinent Robert.

Bientôt les valises sont vides et leur contenu éparpillé un peu partout dans la pièce. Quelques rares vêtements ici, une pile de livres sur la table à café, les gadgets qui passent de l'un à l'autre... Mais pas de kimono ! Je me dis qu'il a sans doute été englouti par un de ces trous noirs qui semblent suivre Robert partout où il va. C'est l'inconvénient de fréquenter un être qui vit pleinement un moment après l'autre sans souci de continuité. Sur le coup, il s'émerveille : un objet le séduit, une personne retient son attention et, le moment d'après, il est passé ailleurs. Robert me paraît téflon, rien ne colle sur lui. Il est comme le feu qui se nourrit de ce qu'il brûle. Aussi fascinant qu'insaisissable. Mais, pas question de tenter de le refaire ! Et même d'en analyser le fonctionnement en profondeur. On ouvre la poule aux œufs d'or pour voir ce qu'elle a dans le ventre et… elle cesse de pondre! C'est connu.

En période intense de création, Robert assimile instantanément tout ce qui peut lui servir. «Si tu ne veux pas être vampirisé, me confiait un ami commun, tu ferais bien de toujours porter un collier d'ail!»

Tous les gens de création sont comme ça dans leurs périodes intenses de productivité. Et comme Robert l'est à peu près toujours!… Car il ne s'arrête jamais. Le risque de perdre l'équilibre est moins grand si le funambule ne s'arrête pas. L'équilibre est dans le mouvement.

Dimanche 12 décembre

Après le travail en atelier, nous sommes allés au restaurant de son choix pour fêter l'anniversaire de Robert – qui est Sagittaire, pour ceux que ça intéresse. Il a choisi un restaurant japonais, bien sûr, puisqu'il est dans sa période nippone! Des sushis et tout le tralala! Cette cuisine lui étant plus familière qu'à moi, je lui demande de commander pour moi. Ce fut un excellent repas, arrosé de saké et, au dessert, de quelques bouteilles de champagne.

Au cours du repas, Robert consulte l'assemblée sur le choix d'un nom pour la nouvelle compagnie de production qu'il doit créer. Il explique ce qu'il cherche : ni trop ceci ni trop cela… Chacun y va de ses suggestions. Je ne peux pas m'empêcher de penser que Robert doit bien avoir une idée et qu'il a peut-être même arrêté son choix. Une mauvaise pensée quoi! Après un moment, il demande :

— Qu'est-ce que vous diriez de *Ex machina?*

Ce fut comme s'il avait parlé serbo-croate. Il explique alors que cette formule latine veut dire : de la machine, sorti de la machine, venu de la machine de théâtre. C'est en effet une formule qui évoque la dimension scénographique des spectacles et les effets de la machinerie de théâtre. Un nom qui paraît bien convenir. À vrai dire, la formule dans son intégralité est : *Deus ex machina.* Dans la tradition gréco-latine, le dieu qui intervenait pour résoudre l'énigme en fin de spectacle descendait sur scène depuis le ciel des cintres, grâce à une machinerie conçue à cet effet, par exemple un nuage mécanisé ou une « gloire ». Ce qui permettait de mettre fin au spectacle en beauté. Je glisse à Robert que certains commentateurs malicieux pourraient soutenir que le *«deus»* sous-entendu de la formule tronquée ne saurait être que lui-même... D'autant plus qu'on disait aussi parfois : *Diabolus ex machina!*

Il a souri.

Montréal

Mardi 28 décembre

Demain matin, je dois me rendre avec Horus chez le vétérinaire pour qu'il mette fin à ses souffrances. Mon chien souffre de colite, une diarrhée que rien ne parvient à arrêter, et d'une grave dysplasie de la hanche. Depuis un bon moment, on lui donne chaque jour de l'aspirine et des stéroïdes. Malgré tout, ce matin, il a été incapable de descendre l'escalier. J'ai dû le soutenir comme j'ai pu. Lorsqu'un chien ne peut plus mener une vie de chien, m'a expliqué le vétérinaire que je viens de consulter par téléphone, il est préférable d'en finir...

Ce matin, j'ai pris la décision. Un moment, il m'a semblé que je n'éprouvais rien. Puis, soudain, je me suis mis à pleurer comme un enfant. Je sais pourtant depuis mon départ que j'allais devoir vivre ce drame à mon retour. Lorsqu'on m'a proposé de partir en tournée, ma première pensée a été pour Horus : je me suis demandé s'il tiendrait le coup jusqu'à mon retour. J'avais pourtant le sentiment que je le retrouverais vivant. Mais cette séparation n'a sûrement pas été facile à vivre pour lui. Et j'en ressens de la culpabilité. « On est responsable de ce qu'on apprivoise », fait dire Saint-Exupéry à son *petit prince.*

C'est l'après-midi. Je le regarde somnoler sur son matelas. Il me revient comme une avalanche de souvenirs. Des tranches de vie, notre intimité, notre complicité. Quelque chose de moi va partir avec lui. Je dirai : « À l'époque d'Horus... » Comme je dis : « À l'époque de Platon », le chien malamute qui l'a précédé dans ma vie. Mais il ne faut pas se retourner pour regarder derrière. De peur d'être transformé en statue de sel. Pleurer un bon coup, comme un enfant, et poursuivre la route.

Mercredi 29 décembre

À peine quelques secondes après le début de l'injection, Horus avait cessé de respirer. J'ai caressé sa tête magnifique que j'ai tant aimée. Il était encore chaud. Mais la vie avait commencé de se retirer. J'étais déjà confronté à sa mort. Une grande souffrance m'envahit – comme une lame de fond. Puis j'ai regardé ses yeux déjà vitreux et les pupilles dilatées. J'avais l'impression d'étouffer.

Je me répète la phrase : « Mon chien est mort... » C'est comme si une part de mon identité disparaissait. Un pan de ma vie qui s'effondre. Pendant plus de vingt ans, j'ai vécu jour après jour ma vie de chien, allant nous promener dans la nature en moyenne une heure et demie tous les jours. À cause de mes chiens, j'ai renoncé à plusieurs voyages de plus de deux jours. Pour prendre mes vacances avec mon chien, l'un puis l'autre, j'ai même fini par faire du camping motorisé. C'est fou ce qu'on peut faire pour vivre en harmonie avec un chien. Comme tous les chiens d'extérieur, les malamutes sont exigeants, du moins si on prend leur qualité de vie au sérieux. J'en suis d'ailleurs venu à confondre leur qualité de vie et la mienne. Non sans raison.

J'ai toujours considéré comme un privilège d'être traité comme un chien par un chien ! Mais à ses yeux, je n'étais pas un chien ordinaire, j'étais le chef de meute. Un privilège, mais aussi quelle responsabilité ! Au cours des randonnées hivernales, si un chien de traîneau craint d'avancer sur la glace qu'il juge trop mince, il s'arrête pour attendre un signe du chef de meute qui doit lui donner l'exemple de ce qu'il faut faire : continuer d'avancer ou rebrousser chemin. Oui, je sais que j'ergote dans ma tête pour m'étourdir un peu. Comme dans toutes les situations graves, je me reporte à la formule qui me réconcilie avec moi-même et avec le Cosmos : « Je m'en remets à la conscience universelle... »

À ma naissance, ma mère avait un chien. Il s'appelait Teddy. Un petit bouledogue intelligent et affectueux – à ce qu'on m'en a dit. Le matin, au réveil, c'est le chien que je voyais d'abord. Ou ma mère. Ou les deux. Le soir, c'est aussi le chien que je voyais avant de m'endormir. Ou ma mère. Ou les deux. J'avais deux ans et demi lorsque ma mère est morte. Et avec elle, le chien est disparu de ma vie.

Merci, M. Freud !

Jeudi 30 décembre

C'est la nuit. Je me retrouve seul chez le bouddha. Mon chien avait l'habitude de m'y rejoindre. Quand il ne m'y précédait pas. Pendant une douzaine d'années, nous avons presque toujours vécu ensemble. Comme j'ai aussi presque toujours vécu avec Platon, le malamute qui a précédé Horus dans ma vie. Depuis qu'il n'est plus là, à tout moment, je prends conscience de certaines habitudes que sa mort bouleverse. Non seulement les miennes, mais celles de ma femme et de mon fils Pascal, ces dernières années. C'est une tranche de nos vies qui s'en est détachée.

J'essaie de m'occuper l'esprit. Je me réfugie dans tout ce qui me tombe sous la main : un livre, un article, un message... Avec une averse de larmes, de temps à autre, et l'impression d'étouffer. Je le vois partout. Sur son matelas. Derrière la porte vitrée à m'attendre pour que je lui ouvre. Dans l'escalier, me précédant au retour de la promenade. Tant d'images qui remontent en moi... Surtout à la montagne où je suis retourné me promener seul deux fois depuis que je l'ai laissé sans vie sur le plancher de la clinique. Deux promenades à vide, avec l'impression rivée au cœur d'une traîtrise de ma part. De ne pas le pleurer assez. De refouler le gros de ma souffrance.

Et tant de souvenirs qui se pressent, qui refont surface. Je le revois qui me précède ou qui me suit sur la piste de ski de randonnée, en plein hiver, ou qui traverse le terrain de golf près de l'Arboretum où nous allions souvent. Au moins une fois tous les dix jours, c'était une des clauses de mon contrat avec le chien !

Jeudi 6 janvier

Joël Le Bigot m'accueille à l'émission *CBF Bonjour*. Après l'entrevue, je m'attarde dans la régie où je rencontre Gilles Archambault. Comme moi, il dure. Et c'est précisément ce dont nous parlons : durer ! Il me fait cadeau d'une citation d'Elias Canetti : « Ne pas ralentir face à la mort, accélérer, accélérer ! »

La longévité n'a de sens à mes yeux que si elle ajoute des années de jeunesse à celles qui me restent à vivre et non des années de vieillesse. Plusieurs de mes amis ont pris leur retraite ou une semi-retraite. Dans notre société, on est poussé trop tôt dans la vieillesse. Soixante ans n'est pas la vieillesse.

À preuve, cette anecdote que m'a raconté Michel Legrand – dont j'ai fait la connaissance à Paris dans les années cinquante et que j'ai souvent revu par la suite. Un matin, alors que Michel se trouvait à New York, le téléphone sonne. C'est Maurice Chevalier. Il s'y trouve lui aussi pour affaires. Chevalier est un ami de la famille Legrand. Il a bien connu le père de Michel, Raymond Legrand, lui-même chef d'orchestre, de même que l'oncle de Michel, Jacques Hélian, lui aussi chef d'orchestre. C'est dans la famille. Chevalier et Legrand conviennent de se retrouver le lendemain pour le lunch.

Au cours du lunch, Michel demande à Momo ce qui l'amène à New York. Chevalier lui répond qu'il est venu renouer avec son agent et décider avec lui d'une stratégie pour relancer sa carrière en Amérique. Rien de moins. Il faut savoir qu'à une époque Maurice Chevalier a fait carrière en Amérique. Il a même été vedette à Hollywood. Mais il y a de ça plus de vingt-cinq ans... Michel me confie qu'il prend note de l'ambition de Chevalier avec un certain scepticisme. Il n'aurait pas parié gros sur ses chances de réussir un retour au pinacle en Amérique. Pourtant, quelques années plus tard, Maurice Chevalier était redevenu la vedette qu'il avait été autrefois. Ce qui devait se traduire en particulier par plusieurs grandes tournées de concert et un retour à l'écran : il partageait la vedette du film *Gigi* avec Leslie Caron et Louis Jourdan.

À ce point de l'anecdote, Michel Legrand s'arrête pour me demander :

— As-tu une idée de l'âge qu'avait Maurice quand il m'a parlé de son projet ? Plus de soixante ans !

Qui sait si je n'ai pas accepté d'endosser le costume de Prospéro et de partir en tournée dans le vaste monde à cause de – ou grâce à – Maurice Chevalier ?

Québec

Mardi 11 janvier

Cette fois, je suis à Québec pour compléter la tournée du Cycle : trois semaines, une semaine pour chaque pièce, au Théâtre Montcalm.

Je retrouve quelques camarades au bar de l'hôtel. Nous avons tous l'air égaré. L'un a perdu son père, un autre a rompu avec sa compagne, une autre avec son *chum*... Quant à moi, je porte le deuil de mon chien. Bref, la vie nous attendait au tournant !

Anne-Marie me confie qu'en entrant avec ses valises dans sa chambre, elle a eu l'impression de revenir chez elle ! L'anonymat des chambres d'hôtel, m'explique-t-elle, lui convient parfaitement. C'est comme une forme bénigne d'internement. Elle aime les chambres d'hôtel précisément parce qu'il ne s'y trouve rien à quoi s'identifier... C'est un lieu où on n'a aucune responsabilité. Mais pour ça, précise-t-elle, il faut qu'il existe aussi par ailleurs un lieu dans le monde où on a des choses à soi, auxquelles on peut s'identifier. Quand on revient de tournée, ajoute-t-elle, c'est souvent un choc : le retour à soi et à la réalité. Alors qu'ailleurs, on peut s'oublier. La tournée, c'est comme une parenthèse. On vit un petit peu dans la fuite et beaucoup dans l'évasion.

Pour ma part, j'ai découvert que je ne suis pas aussi nomade que je le pensais. J'ai de grosses racines dans la tête. Et on ne voyage pas mieux avec de grosses racines dans la tête qu'avec de grosses valises au bout des bras!

Mercredi 12 janvier

Hier, première de *Coriolan* au Palais Montcalm. Une bonne représentation, mais qui n'était pas la meilleure de la tournée. C'est pourtant la pièce que nous avons jouée le plus souvent. Sans doute avons-nous éprouvé une certaine difficulté à remettre la machine en marche. C'est un peu comme si la tournée s'était terminée il y a plus d'un mois et demi, à notre retour de l'étranger.

Mercredi 19 janvier

Hier, première de *Macbeth*. Mais ce matin, dès dix heures, l'équipe du projet *Hiroshima* se réunit pour la troisième étape de l'exercice de création collective. Cette étape va s'étendre jusqu'à la dernière de *La tempête*. Et une semaine plus tard, c'est-à-dire dans moins de deux semaines, elle va se terminer avec une répétition publique – déjà! – devant une cinquantaine de spectateurs triés sur le volet. Robert recourt à l'occasion à ces répétitions publiques comme moyen sans doute de mettre la barre un peu plus haut. Et toujours de plus en plus haut.

Pour tout dire, j'éprouve du mal à m'adapter au travail d'équipe et à la méthode de création collective. Pour stimuler la créativité à propos de la première «boîte», l'action de cette boîte se déroulant en Chine, j'ai soumis un document sur la sexualité dans la tradition chinoise. Il s'agit plus précisément d'évoquer le feu d'artifice, une invention chinoise, auquel on recourait autrefois à des fins aphrodisiaques! Mais personne n'a encore consulté le document. J'ai aussi soumis un autre document de recherche, sur Faust: le mythe occidental du savoir au service du Mal. Ce qui m'apparaissait comme l'illustration de «la science sans conscience», pour reprendre la formule de Rabelais, qui devait aboutir à Hiroshima et Nagasaki. Mais ce genre de contribution ne paraît pas adaptée à la méthode de création collective.

Cela dit, je suis tout à fait disposé à mettre de côté ces documents de recherche, sans doute inadaptés, et de m'en tenir aux improvisations. J'ai d'ailleurs improvisé sur différents thèmes, à plusieurs reprises et, je dirais, avec une certaine vigueur ! Mais j'ai l'impression de tourner en rond. Chaque fois que Robert m'invite à improviser, je m'efforce d'inventer une situation et un personnage en rapport avec la tragédie d'Hiroshima. Comme dans cette improvisation portant sur la colère d'un père qui découvre dans les ruines le cadavre de son enfant mort. J'étais assez satisfait de cet exercice. Mais je comprends qu'il ne faut pas nécessairement, à l'étape où nous sommes, improviser sur des thèmes en rapport direct avec la tragédie d'Hiroshima.

Je me suis entretenu de tout cela hier soir au pub – un autre pub ! – avec Richard Castelli, l'agent de la compagnie pour l'Europe et l'un de ses coproducteurs. Il m'explique que Robert n'aborde pas les questions directement mais toujours comme au second degré, à la façon des médias. Sur le coup, l'exposé de Richard m'a paru limpide, mais je n'arrive pas à le concrétiser.

Malgré mes réserves – qui ne concernent que mon apport –, j'ai la conviction que Robert va quelque part. Nul doute dans mon esprit que le chaos de nos improvisations va finir par s'ordonner et que la magie lepagienne va opérer une fois de plus. Et d'autant plus peut-être que le chaos devient de plus en plus menaçant. À un moment, il n'y aura plus que la magie pour tirer Robert de l'impasse où il va se trouver. Je devrais dire : de l'impasse où il se sera mis lui-même. Qui sait si la magie n'a pas besoin de l'impasse pour opérer ? Crois ou meurs !

Quant à moi, en écrivant ces lignes, je me rends compte que rien de moi – ce que je suis, ce que je sais, ce que je fais – ne prend racine dans cette entreprise. J'ai l'impression de flotter.

Vendredi 21 janvier

J'ai manqué plusieurs séances de travail du projet *Hiroshima*. Comme je dois aussi animer mon émission tous les jours à la radio, le rattrapage devient de jour en jour plus difficile. Sans compter que, tous les soirs, je dois monter sur scène. La plupart du temps, au cours des séances de travail, je reste sur ma chaise à regarder travailler les autres. Mais depuis la nuit dernière, ma décision est prise. En arrivant ce matin, j'ai demandé à Robert de m'accorder quelques minutes avant le lunch, pour faire le point avec lui sur ma contribution à ce projet.

Il me paraît aussi ennuyé de ne pas savoir comment m'exploiter adéquatement que je le suis de ne pas être à la hauteur. De toute évidence, je m'intègre mal à la démarche collective que commande la méthode. Et ce n'est la faute de personne. Les situations que nous imaginons et les dialogues que nous improvisons me paraissent jusqu'ici sombrer dans le naturalisme. Je sais qu'il ne s'agit encore que d'une mise en train. Mais comme depuis bientôt six mois je nage dans Shakespeare dont les personnages sont d'autant plus significatifs et intéressants à jouer qu'ils sont tous en état de crise ou franchement malades, le décalage me paraît d'autant plus grand ! Robert m'explique qu'on va approfondir les situations et les personnages à une étape ultérieure. Mais je suis, malgré tout, comme en manque sur le plan de la créativité – qu'il a lui-même réveillée chez moi. J'ai envie de me donner à fond à exploiter des situations d'une grande théâtralité, à creuser des personnages complexes, à découper des dialogues corsés, à élaborer des monologues « songés » ! Cela dit, je ne doute pas que Robert Lepage contribue à la création d'une nouvelle dramaturgie. Les spectacles dont il a été le maître d'œuvre jusqu'ici en témoignent : en particulier *La trilogie des dragons* et *Les plaques tectoniques*. Mais il est clair que je n'arrive pas à m'adapter à sa méthode.

Il m'explique que cette méthode est la seule façon qu'il ait trouvée de concevoir des pièces. Il me rappelle que la présente entreprise est un *work in progress*, qu'elle va se poursuivre sur une période de deux ou trois ans, peut-être même davantage, que rien ne m'empêche de revenir, un jour ou l'autre, rejoindre la compagnie. Mon retour éventuel, me dit-il, pourrait même permettre de renouveler certains aspects de l'œuvre... À quelques reprises, il revient sur cette éventualité. Ce qui me touche beaucoup. Mais je sais qu'au fond je le déçois. Et pour la première fois dans nos rapports, je sens que je l'ai blessé.

Robert a un rendez-vous. J'aurais volontiers passé un moment avec lui afin de défroisser nos rapports et les redéfinir sur un autre plan, mais je le vois qui disparaît dans l'escalier. J'ai le cœur gros. Ce que j'éprouve tient de la peine d'amitié qui est aussi amère qu'une peine d'amour. Je ne reviendrai donc pas pour la séance de travail de cet après-midi, ni demain. Mais seulement pour la répétition publique, dans une dizaine de jours, alors que je serai parmi les spectateurs invités.

Pour me retrouver, je vais me replier sur moi. Aujourd'hui et les jours qui viennent, je vais rester dans ma chambre à me reposer, à préparer mes émissions de radio, à creuser un peu plus *La tempête* qui prend l'affiche la semaine prochaine.

Et maintenant que je me suis éloigné de Robert, je vais aussi profiter de ce temps libéré, au moment où s'achève ce journal, pour ordonner les notes que j'ai prises au cours de la tournée, sur lui et sa créativité que j'ai eu le privilège d'observer en action.

J'ai toujours été fasciné par la créativité, qui est, selon moi, l'acte le plus élevé qui se puisse concevoir : «L'acte de sauter par-dessus soi!» comme écrivait Victor Hugo. Fasciné par Vinci, Cocteau, Malraux, Balzac, Dali, Welles... – ce qui montre assez que je suis éclectique, voire éclaté, dans mes intérêts. Car peu m'importe l'objet de la créativité, c'est le phénomène lui-même qui m'intéresse, chez les autres et, relativement, chez moi – cela dit sans prétention.

Robert Lepage appartient à cette race de créateurs d'une époque – la nôtre – que l'on qualifie parfois de nouvelle Renaissance. À la fois artiste et ingénieur au sens large, dans l'esprit de Léonard de Vinci, un de ses maîtres à penser et à créer dont il s'est d'ailleurs inspiré pour un de ses spectacles. Sa contribution à la création d'une nouvelle dramaturgie est déjà considérable : une dramaturgie essentiellement scénique, par opposition à littéraire, qui répond au besoin de redéfinir aujourd'hui l'expérience théâtrale par rapport à celle du cinéma, de la télévision et des nouvelles technologies informatiques, en fonction de la nouvelle sensibilité des spectateurs.

Dans sa vie de créateur, Robert Lepage ne s'attarde pas. Il ne piétine pas sur place. Il se détache d'une entreprise qu'il vient de compléter pour se lancer dans une nouvelle sans faire de pause. Il passe de l'une à l'autre avec une étonnante capacité d'adaptation à des conditions différentes. Et il le fait avec grâce, avec aisance. Je dirais même avec une certaine désinvolture, comme s'il vivait sa vie en flânant.

Il me fait penser à ce qu'Abraham Maslow* dit de ces individus parvenus dans leur évolution à l'étape de l'*actualisation de soi* qu'il définit comme le fait de réaliser son potentiel. Les êtres qui s'actualisent, plutôt que de se définir seulement en fonction de la lutte pour la survie, font montre de naturel, de plus de spontanéité et d'une certaine liberté. Ils dominent leur vie, tout en donnant l'impression que c'est la vie qui les porte. Maslow considérait que ces individus, qui représenteraient environ deux pour cent de la population, offrent un modèle d'excellence à la race humaine. De toute évidence, Robert Lepage correspond à ce type.

En même temps qu'il en pousse plusieurs autres parvenues à différentes étapes, allant du vague projet à une forme de pré-production, Robert travaille à une entreprise qui occupe la première place dans sa vie professionnelle, comme autant de pièces d'un vaste échiquier. Sans compter que certaines de ses entreprises demeurent ouvertes pendant leur diffusion, c'est-à-dire susceptibles de revenir à la première place et d'être remises sur le métier, selon la démarche du *work in progress*. Il paraît avoir à la fois une vue d'ensemble de ses activités – je dirais une vision périphérique – tout en étant capable de se consacrer pleinement à la tâche du moment.

Dans les conditions éclatées où il se trouve souvent, j'admire chez lui sa faculté d'être entier à l'objet du moment, de vivre l'instant présent; et aussitôt une tâche complétée, de passer à la suivante, sans s'attarder, sans se retourner, du jour au lendemain – parfois le même jour. Ce qui donne parfois à ses

* L'un des fondateurs de la psychologie humaniste et de la psychologie transpersonnelle.

collaborateurs d'une entreprise ou d'une étape l'impression que Robert les laisse tomber. Pour survivre, il leur faut être aussi autonomes que lui. Tout se passe comme si, à certains moments, Robert souhaitait qu'on le perde de vue, comme pour retrouver sa liberté. Il marche, marche, marche... J'appelle ça l'effet Duracell !

Dans la vie, Robert voyage avec aussi peu de bagages que possible. Je serais tenté de prendre le mot bagages dans tous les sens du terme : il demeure relativement aussi libre par rapport aux êtres qu'il l'est par rapport aux choses. Et pour ce qui est des choses, il en laisse une quantité inimaginable derrière lui... Son agent pour le Royaume-Uni et aussi coproducteur de ses spectacles, Michael Morris, me disait qu'il y a dans son bureau une garde-robe de tout ce que Robert a laissé derrière lui au cours des années... De tout ce qu'on a retrouvé ! Des vêtements, des livres, divers objets, des souvenirs et jusqu'à des piles de lettres qu'il n'a pas ouvertes... Récemment, son gérant a entrepris de rapatrier tout ce que Robert a oublié ou laissé derrière lui... Tout ce qu'on va réussir à retrouver ! De quoi constituer un musée de l'hétéroclite. Ce qui témoigne de son détachement par rapport au passé et de la vigueur particulière d'un homme qui marche, marche, marche... sans se retourner pour regarder derrière lui. L'effet Duracell, je vous dis !

Robert me fait l'impression de brouiller les pistes derrière lui. Il les brouille même, pour ainsi dire, devant lui, c'est-à-dire pour ce qui est de l'orientation qu'il entend donner à ses activités. Tout se passe comme si aucun de ses collaborateurs n'en avait la même image. Pour en avoir une vue d'ensemble, il faudrait réaliser un collage de toutes les informations qu'il a communiquées, ici et là, les regrouper à la façon d'un Sherlock Holmes. Peut-être Robert a-t-il trouvé là le moyen de s'appartenir, d'être maître de sa vie, en refaisant surface, de temps à autre mais, le plus souvent possible, là où personne ne l'attend. Il aime bien rappeler le mot de Serge Diaghilev, l'animateur des célèbres Ballets russes entre les deux guerres en Europe, à qui Jean Cocteau souhaitait soumettre un projet et qui lui aurait dit : « Étonne-moi ! » Robert aime étonner, peut-être même s'étonner lui-même. Il arrive souvent avec une lecture inattendue, une rencontre inspirante, une anecdote surprenante... La vie telle qu'il la traverse l'entraîne d'étonnement en étonnement.

Dans toutes ses entreprises, la plupart des informations dont il a besoin lui arrivent comme par enchantement. Phénomène curieux dont Arthur Koestler a parlé dans un de ses ouvrages comme de « l'ange des bibliothèques » : lorsqu'on cherche une information, elle finit souvent par surgir d'elle-même, comme par hasard. À la faveur d'une lecture, d'une conversation... C'est ainsi qu'au moment où Robert cherchait une idée – un style, une orientation – afin d'aiguiller la créativité du concepteur de costumes d'un spectacle auquel il travaillait, il trouve comme par hasard chez son frère – qui est photographe et à qui il rend visite – un album de photos... qui répond exactement à son attente. Et il en va souvent de même pour ses collaborateurs qu'il rencontre ou retrouve au moment où précisément ils lui sont nécessaires.

Robert m'a avoué avoir observé ce mystérieux phénomène des centaines de fois. Il semble même en tenir compte dans sa méthode de travail. Il se comporte souvent comme si quelque chose allait se produire ou quelqu'un se manifester au moment opportun. C'est ainsi qu'à une étape du spectacle qu'il crée à partir d'improvisations de comédiens, je lui fais un jour observer que trois improvisations que nous avions faites ce matin-là pouvaient être regroupées, qu'il existait entre elles un fil conducteur. Il me répond :

— Il ne faut pas aller trop vite pour regrouper les improvisations. À un moment, ça va se faire tout seul...

Qu'est-ce à dire ? Qu'une information va surgir ? Un collaborateur ? Un accident de parcours va se produire peut-être ? Un miracle quoi !

Il y a chez Robert une part de pensée magique. Ce dont il est assez conscient pour, parfois, pouvoir attendre que le phénomène escompté se produise de lui-même. Cette attitude n'est peut-être pas sans fondement. J'ai souvent observé quant à moi que « l'ange des bibliothèques » paraît collaborer d'autant plus que le vacuum, c'est-à-dire le besoin à combler, est bien défini et qu'on soit par ailleurs dans un état réceptif. Certains diront qu'il s'agit peut-être de l'effet de circonstances ou de conditions particulières, ou encore, dans un autre ordre d'idée, d'une manifestation de l'inconscient... Mais le talent de vivre dans l'indéfini y est sûrement aussi pour quelque chose. De même sans doute qu'une grande tolérance au désordre, je dirais même au chaos. C'est là une des qualités des créateurs, souvent difficile à vivre pour les autres autour, que de pouvoir demeurer dans l'indéfini, dans le chaos... jusqu'à ce que les choses tombent en place comme d'elles-mêmes ou presque.

Dans la pensée traditionnelle, on rappelle que les réponses précèdent toujours les questions. (Forcément, quand on y songe... Newton n'a pas inventé la gravité : elle existait avant qu'il la découvre.) Il s'agit donc de (se) poser les bonnes questions pour que jaillissent les bonnes réponses.

Mais en attendant la bonne réponse, Robert a souvent l'impression d'avancer sur un fil au-dessus du vide. Je le soupçonne d'apprécier cette sensation de vertige. Il m'a un jour confié que, pour la mise en scène du *Songe* d'Auguste Strindberg au Théâtre d'État de Stockholm (que dirige Ingmar Bergman), il a cherché la bonne idée autour de laquelle créer le spectacle pendant près de deux ans, à travers tout le reste, sans la trouver et sans même parvenir à bien comprendre – de l'intérieur – cette pièce. Il en était encore là le jour de la lecture avec les comédiens... Situation particulièrement vertigineuse. Il n'avait alors dans la tête et dans ses notes qu'une vague esquisse... d'un coin. Oui, d'un coin : deux bouts de mur et l'amorce d'un plafond, suspendu dans l'espace à un angle de quarante-cinq degrés ! Ce qui devait constituer, selon lui, l'élément principal du décor, Robert devant aussi signer la scénographie de ce spectacle. Il m'a avoué qu'au moment de la lecture il était proche de la panique... Or ce coin a fini par être construit ; puis on y a pratiqué des ouvertures à la demande, pendant les répétitions, au moyen d'une tronçonneuse ! Enfin, on a suspendu cette partie du décor dans l'espace et muni d'un moteur de façon qu'il tourne sur lui-même... Pour finir, ce coin est devenu ce que Robert avait vaguement entrevu à l'origine, c'est-à-dire le point d'intersection entre les deux mondes : l'en deçà et l'au-delà – ce qui est précisément le thème central de la pièce –, ce point tournant sur lui-même comme par enchantement dans la lumière et la musique... Bref, tout a fini par tomber en place. Et j'ajoute pour la petite histoire que Robert a littéralement triomphé. La critique suédoise estime même qu'il s'agit là de la production la plus spectaculaire et la plus juste offerte jusqu'ici par le Théâtre d'État de cette pièce considérée comme l'une des plus difficiles du répertoire. Et on la joue depuis devant des salles combles.

Au moment où Robert se trouve dans une position périlleuse au chapitre de la créativité, il finit toujours par découvrir parmi tout ce qu'il voit, ce qu'il entend, ce qu'il lit, ce qu'on lui raconte – et qui n'a au départ aucun rapport avec ce qu'il cherche – une idée, une technique, une astuce, quelque chose qui va servir son objet... Il est parfois difficile de savoir, dans son cas, si ça lui vient de « l'ange des bibliothèques » ou de son génie particulier qui parvient à faire feu de tout bois, de tout ce qu'il trouve sur sa route et dont il sait tirer le maximum. C'est ainsi qu'un jour où il se rendait à pied à une répétition de je ne sais plus quel spectacle, il s'attarde un moment devant la vitrine d'un marchand de jouets. Son attention est attirée, tout à coup, par une locomotive et quelques wagons... C'est le déclic ! À un moment dans le spectacle, un train miniature traversera l'avant-scène, évoquant un plan d'ensemble au cinéma. Et c'est là un bon exemple de l'effet métaphorique issu du rapprochement entre deux échelles de grandeur.

Depuis que je connais Robert, je me suis parfois interrogé sur la qualité de nos rapports. Insaisissable par nature, il se laisse difficilement apprivoiser. Sans compter que, de nos jours, les rapports entre générations ne sont pas évidents. Un ami me confiait il y a quelques années que c'est son petit-fils qui l'initiait aux mystères de l'informatique. C'est peut-être l'occasion pour les plus âgés de se replier sur l'essentiel. L'important pour les gens plus âgés serait à mon sens de renvoyer aux jeunes une image d'eux-mêmes et de leur action qui les aide à se définir

dans une certaine perspective, en fonction de valeurs constructives. Les jeunes ont généralement une vision des choses, des
événements et des êtres plus focalisée que celle des gens plus
âgés dont la vision serait, par ailleurs, plus globale, périphérique.
C'est peut-être dans la mesure où je parviens à communiquer un
peu de cette vision que je trouve ma place parmi les jeunes et
que je peux leur être utile. Sans chercher à dominer, toutefois, et
sans vouloir non plus diriger. Car diriger me paraît le fait d'une
énergie plus jeune. Inspirer, animer au sens large oui ! mais
diriger, non... Et de le faire dans un esprit de partage, d'échange.
Parler mais aussi écouter. Donner mais aussi recevoir... C'est la
seule attitude qui permette d'écarter la figure parentale sans pour
autant que l'on renonce à une certaine filiation.

Dans mes rapports avec Robert, de même qu'avec quelques
jeunes du même acabit avec qui il m'arrive de collaborer – je
pense en particulier à Michel Lemieux et à Victor Pilon –, je
me suis souvent répété cette réflexion d'un vieux sage chinois :
« Aujourd'hui, je suis un homme heureux car j'ai appris de mon
fils... »

Et voilà ! là-dessus, il me revient une boutade de Jules
Renard, qui a le mérite de relativiser toute démarche visant à
expliquer l'indicible : « À force de vouloir expliquer quelque
chose, on finit par n'y plus rien comprendre ! »

Mardi 25 janvier

Je n'ai pas lu toutes les critiques recueillies au cours de cette
tournée : en néerlandais, en allemand, en japonais – de quoi
épuiser la bonne volonté de nos interprètes bénévoles ! Et aussi
en français... Mais je dirais que, dans l'ensemble, elles étaient
très positives. Plus positives peut-être que celles de Québec. Et
du coup me voici entraîné malgré moi à rappeler que « nul n'est
prophète en son pays » ! Et tout le tralala ! Or je n'aime ni la
formule ni l'idée.

Je ne suis pas de ceux qui prétendent être insensibles à la
critique. J'estime au contraire que la critique permet de sonder
la perception qu'ont les autres de l'entreprise qu'on leur

propose. Et dans le cas de ma performance d'acteur, je suis sans doute d'autant plus sensible à la critique que, toute ma vie, j'ai entretenu le sentiment secret, refoulé même, que j'aurais pu faire une belle carrière de comédien. Lorsque la proposition m'a été faite de partir en tournée dans le Cycle Shakespeare, ma première réaction m'a trahi! Maintenant, je peux bien l'avouer : j'ai compris sur le coup que je n'avais jamais vraiment accepté ma frustration!

Cela dit, le peu de spectateurs que nous attirons à Québec m'atteint davantage que la critique. Ce sont nos plus petites salles de la tournée. Troublante constatation. Amsterdam, Zurich, Brême, Chalon-sur-Saône, Tokyo, Nottingham... et Québec. Je constate avec inquiétude qu'il y a un manque évident de stratégie pour aller chercher le public. Les agents de marketing qui ne savent que placer des annonces dans les journaux ou organiser des entrevues dans les médias n'accomplissent selon moi qu'une partie du travail. À l'époque où j'occupais le poste de secrétaire général de la Comédie canadienne et plus tard du TNM, une de mes fonctions était précisément d'aller chercher le public. Pour chaque spectacle, je vendais des «fonds de salle», comme on disait entre nous, à des groupes, des associations, des syndicats, des clubs, etc. Parfois une cinquantaine de places, parfois toute la salle. Chaque spectacle supposait une stratégie différente. Dans le cas présent, ce qui me gêne le plus, c'est de constater qu'aucune démarche n'a été faite auprès des institutions d'enseignement : Shakespeare, ça ne vous dit rien, non? Le plus grand dramaturge de l'histoire n'est peut-être pas au programme! Devant mon étonnement, on me suggère une explication fort simple : l'absence de communication entre les ministères de l'Éducation et des Affaires culturelles. Et du coup je deviens hagard! À Chalon-sur-Saône, en France, nous avons donné plusieurs représentations en matinée, destinées aux étudiants du secondaire et du collégial. J'ai même vu de ces étudiants assister au spectacle avec, à la main, un exemplaire d'une des adaptations de Michel Garneau publiées chez VLB. À Québec, rien de comparable. À vrai dire, rien du tout! Le néant. Le Cycle Shakespeare de

Robert Lepage n'a fait l'objet que de quelques représentations à Montréal, dans le cadre du Festival de théâtre des Amériques, à la fin de la première tournée, et à Québec, à la fin de la seconde. Trente représentations en tout, dix de chaque pièce. C'est déplorable! C'est même, pour tout dire, débile et débilitant!

Samedi 29 janvier

C'était la dernière représentation de *La tempête* et la dernière de la tournée : *exit* le Cycle Shakespeare!

Parmi les spectateurs, beaucoup de gens de théâtre et des familiers.

Après la représentation, le climat en coulisse est à la fois joyeux et morose. Les comédiens et les techniciens, me semble-t-il, ne se regardent plus de la même façon. Le fil qui nous rattachait les uns aux autres est déjà rompu. Et comme pour compenser, nous mettons tous plus de chaleur dans le regard et dans la voix.

Un peu plus tard, nous nous rejoignons tous au St. James Pub – le dernier pub de la tournée! – rue Saint-Jean. On dirait déjà que le souvenir des moments difficiles s'estompe. Il ne restera bientôt plus de cette tournée que le souvenir global d'une aventure, difficile sans doute – de l'avis de tous – mais gratifiante. Et j'ai envie d'ajouter comme dans le cas d'une thérapie : une expérience dont on sort grandi!

Pour moi, c'était la fin de Prospéro... Le trait est tiré, la parenthèse refermée.

Montréal

Dimanche 30 janvier

Ces lignes sont les dernières de ce journal.

Revenu de Québec au début de l'après-midi, j'ai pris une bouchée, puis je suis monté me coucher chez le bouddha, le cœur gros. J'ai rêvassé un moment pour finalement m'endormir d'épuisement, de vide aussi peut-être.

J'ai refait surface il y a quelques minutes.

C'est la fin de l'après-midi, le moment où normalement je serais allé promener le chien à la montagne. Maintenant que je suis redevenu disponible dans la tête et le cœur, le deuil de mon chien m'envahit. Je me dis que je devrais aller marcher là-haut. Mais je reste étendu sur le lit. C'est à peine si j'ai la force de pousser le stylo.

Dès le départ, un ami qui m'avait pourtant encouragé à tenter cette aventure me disait avec un sourire narquois :

— Tu vas te retrouver dans la tempête !

Une impression que j'ai souvent éprouvée, en effet, avec la peur de ne pas tenir le coup, de ne pas pouvoir y parvenir. Mais aussi avec, par moments, la satisfaction malgré tout de relever le défi, de répondre aux attentes. Et le lendemain, de nouveau la tempête ! Aujourd'hui, cette aventure tire à sa fin. Il n'en reste plus qu'une très grande fatigue et, bientôt, la joie d'avoir mené l'expérience à terme.

Dans le dernier monologue de Prospéro, hier soir, je m'identifiais sans peine à Shakespeare qui interprétait lui-même ce rôle. Dans ses adieux au théâtre, il demande au public d'apprécier son entreprise avec indulgence et de le libérer des liens qui le retiennent encore au personnage et à la fiction. Car il souhaite être rendu à lui-même.

Et c'est ici que, rendu à moi-même, s'achève le journal de cette aventure, que j'ai tenu grâce à l'aide de mes elfes.

> Moi, Prospéro
> mais si peu déjà
> et bientôt plus du tout,
> alors aussi bien dire désormais :
> moi, Languirand !
>
> Maintenant que Prospéro s'est retiré de moi
> *la seule force qui me reste c'est la mienne*
> *qui n'est pas bien grande*
> *maintenant que je retrouve qui je suis*
> que je laisse derrière moi

le témoignage d'une expérience :
des émotions qu'elle a soulevées
des réflexions qu'elle a inspirées
qui n'est jamais
qu'une représentation du réel
toujours insaisissable
qui n'est jamais peut-être même
qu'une fiction romanesque :

celle de ma vie

ne me forcez pas à rester ici
prisonnier des dédales de ma mémoire
et de mon imaginaire
vous pouvez détacher les liens qui me retiennent
avec vos mains généreuses
il faut que mes voiles s'emplissent à présent
de votre souffle amical ou bien tout mon projet
tombe dans le vide
c'était celui de vous plaire

laissez votre indulgence
me donner ma liberté.

Fiche technique de la tournée

Avant de refermer ce *Journal de Prospéro*, je veux saluer mes camarades de tournée et tous ceux qui ont contribué à la belle aventure du Cycle Shakespeare – et dont certains se sont peut-être reconnus dans une phrase, un paragraphe, quelques pages...

Robert Lepage, mise en scène, scénographie, éclairages ;

Michel Garneau, traduction, adaptation des textes ;

Michel Gosselin, direction technique et conception technique ;

Guy Laramée, musique ;

Louise Simard, interprétation de la musique ;

Luc Désilets, régie générale ;

José Cantanelle, conception et réalisation des marionnettes ;

Richard Gravel, assistance à la direction technique et conception technique ;

Michel Bernatchez, administration générale et direction de production ;

Catherine Chagnon, à la régie, costumes et accessoires ;

et les comédiens : Éric Bernier, Normand Bissonnette, Marie Brassard, Anne-Marie Cadieux, Carole Cassista*, Paul-Patrick Charbonneau, Tony Conte, Gérald Gagnon, Macha Limonchik*, Jules Philippe et Rosa Zacharie ;

et enfin, pour terminer, celui qu'on appelait entre nous « mon oncle *per diem* », le gérant de tournée : Richard Gagnon.

---

* À différentes étapes de la tournée.

Fiche technique de la version radiophonique diffusée au cours de l'été 1995 sur les ondes de Radio-Canada

Ont collaboré à la version radiophonique du *Journal de Prospéro* :

Céline-Marie Bouchard, texte de présentation ;

Gilles Bélanger, Denis Frenette, Gilles Roy, Yves Cléroux, Serge Brideau, Pierre Lévesque, Christian Ferland, équipe technique ;

Christiane Corbeil, Andrée Sauriol, Louise Payette, Lou Tremblay, assistantes à la production ;

Charles Collard, assistance à la discothèque ;

Bogualow Podorsky, aux archives ;

Henriette Talbot-Lalonde, réalisation.

Table